편 지

"Translated from"
SUCCESS SECRETS : LETTERS TO MATTHEW
Copyright©2001 Richard Webster
Published by Llewellyn Publications
          st. Paul, MN 55164, U.S.A.
          www.Llewellyn.com

이 책의 한국어판 저작권은 신원 에이전시를 통한
저자와의 독점 계약으로 도서출판 재인이 소유합니다.
신 저작권법에 의하여 한국 내에서 보호를 받는 저작물이므로 무단전재와 무단복제를 금합니다.

편지

초판 1쇄 발행 2005년 1월 18일
초판 2쇄 발행 2005년 1월 28일

지은이_리처드 웹스터
옮긴이_안진환
펴낸이_박설림
표지디자인_오필민
본문디자인_김승일
펴낸곳_도서출판 재인

등록_2003. 7. 2.(제 300-2003-119호)
주소_143-849 서울시 광진구 능동 256-3 나이스 빌딩 3층
전화_02-456-1363
팩스_02-456-1362

ISBN 89-90982-08-1(03320)

* 책값은 뒤표지에 있습니다.

편지
SUCCESS SECRETS

리처드 웹스터 지음 | 안진환 옮김

재인

차 례

1. 꿈 09 — 꿈을 가진 사람이 세상을 변화시킨다

2. 열정 33 — 미치도록 원하는 일에 모든 것을 쏟아라

3. 긍정 55 — 고달픈 시간은 한없이 계속되지 않는다

4. 몸과 영혼의 소리 73 — 진심으로 원하면 반드시 이루어진다

5. 배움 93 — 사람들에게는 삶에서 얻어야 할 교훈이 있다

6. 관계 113 — 사람들의 결점을 넘어 영혼의 아름다움을 보라

7. 목적 133 — 목적은 열정과 에너지를 분출시킨다

8. 확신 151 — 자신이 믿고 있는 바를 언제나 의식하라

9. 신뢰 175 — 믿음은 인생에서 가장 든든한 보험이다

10. 사랑 189 — 사랑은 변화와 치유의 기적을 낳는다

당신의 열정을 되찾으라

1 _ 꿈

"꿈을
　　가진
　　　사람이
　　　　세상을
　　　변화시킨다"

에릭은 사무실 의자에 털썩 앉으며 눈을 감았다. 세시 삼십분. 평소 같으면 적어도 네시 삼십분은 지나야 사무실로 돌아왔을 텐데. 하지만 그날은 끔찍한 하루였다. 거절과 연기, 계약 취소를 거듭 겪다가 작은 주문 두세 건만 받아서 돌아온 터였다. 이따금씩 그는 자기가 왜 이 일을 계속하고 있는지 의문이 들었다.

영업부 사무실 문이 열리더니 던컨이 창백한 얼굴로 축 처진 채 들어섰다. 그는 에릭을 보더니 툴툴거리면서 자신의 자리에 풀썩 주저앉았다.

"나만큼 끔찍한 하루를 보냈나 보군."

에릭이 말했다.

던컨은 그를 흘끗 쳐다보고는 대꾸했다.

"천만에, 누구도 나보다 더 끔찍할 순 없을걸. 모르긴 몰라도 내가 자네보다 천 배는 더할 거야. 로치엘이 날아갔다구."

에릭은 의자에서 벌떡 몸을 일으켰다. 로치엘사는 브레이저사의 가장 큰 고객이었다. 모두들 그 업체를 주거래처로 보유한 던컨을 부러워하던 터였다.

"설마……. 그럴 리가……."

에릭은 던컨의 표정을 살피고는 말을 이었다.

"사실인가 보군. 정말 거래가 끝난 거야?"

던컨이 고개를 끄덕였다.

"로저 스택폴이 그렇게 뒤통수를 칠 줄 누가 알았겠나? 사실 내가 좀 늦긴 했지. 약속 시간에 한 시간 반이나 늦었으니까. 전화를 하려고 했는데 연락이 안 되는 걸 어떡하나? 메시지라도 남겼어야 했는데……. 그래도 별일 없을 줄 알았다구. 원래 천하태평인데다가 차분한 사람이었거든."

던컨은 힘없이 이마를 문질렀다.

"그런데?"

"도착해 보니 벌써 카터스사를 불렀더라니까. 그쪽하고 삼개월 계약을 맺었다더군. 부장님한텐 어떻게 얘기하지?"

던컨은 한숨을 쉬며 고개를 젓고는 다시 에릭을 쳐다

보았다.

"자넨 어땠는데?"

에릭은 미소를 지으며 대꾸했다.

"자네 얘길 들으니 그렇게 나빴던 것 같지는 않군. 부장님한테 함께 가줄까?"

던컨은 고개를 저었다.

"고맙지만 혼자 어떻게 해봐야지. 매도 먼저 맞는 게 낫다니까 지금 가서 보고하는 게 나을 것 같아."

그는 자리에서 일어나 복도를 따라 윌버 아스팩의 사무실로 향했다. 에릭은 영업부장 윌버가 그 얘기를 듣고 어떤 표정을 지을지 상상할 수 있었다.

윌버는 대립을 좋아하지 않는 온화하고 부드러운 성격의 소유자였다. 이제 그는 문제를 해결할 수 있는지 알아보러 로치엘사를 방문해야 할 것이다. 그리고 비굴하게 앉아서 로저 스택폴이 쏟아내는 분풀이를 고스란히 들어야 한다. 하지만 로치엘사와의 거래액이 연간 십만 달러에 달한다는 점을 감안하면 그럴 만한 가치가 있는 일이라고 에릭은 생각했다. 이 거래 관계를 회복하지 못하면 어떻게 될 것인가? 윌버가 사표를 내야 하는가? 그의 잘못이 아니라 던컨의 실수였지만 그는 영업부장이다. 그러니 그가 책임져야 할 일이었다.

에릭은 한숨을 쉬며 손가락으로 머리를 쓸었다. 그에게도 어려운 일이 많지만 다른 사람들은 더욱 많은 문제를 떠안고 있고……. 하지만 그 역시 하루하루 상황이 악화되는 것 같았다. 고객을 방문하는 일도 거의 억지로 해야 했고 전화나 이메일 답변도 지연되고 있었다. 대체 무엇이 문제인가? 그의 아버지는 거의 50년을 세일즈맨으로 살아왔고 단 한 순간도 그 일을 사랑하지 않은 적이 없었다.

이쯤 해서 다른 일을 알아봐야 할지도 모른다. 하지만 몇 시간씩 생각해 봐도 이것말고 할 수 있는 일이 떠오르지 않았다. 다른 직장을 구해놓지 않고 사표부터 낼 수는 없었다. 아내 제니가 직장을 다닌다면 큰 문제는 없을지도 몰랐다. 하지만 혼자 버는 처지에 학교 다니는 두

아들에 갚아야 할 대출금까지 남아 있으니, 곧 어려운 상황에 빠지게 될 거 분명했다.

에릭은 등에 뭉친 근육을 풀기 위해 어깨를 돌리며 중얼거렸다.

"긍정적으로 생각하자. 부정적인 생각은 버리자구."

그러고는 윌버 아스팩이 부하 직원들에게 늘 하던 얘기를 떠올리며 미소를 지었다.

"부정적인 생각이 들면 180도 전환시켜 긍정적인 생각으로 만들라."

말은 쉽다. 하지만 실천하기는 그리 쉬운 일이 아니다.

슬며시 문이 열리더니 샘 밀리건이 머리를 들이밀고 겸연쩍게 미소를 지었다.

"사무실에 있었네, 에릭."

"어서 오게. 자네도 일찍 들어왔군. 뭐 안 좋은 일이라도 있었나?"

샘은 소심하게 황급히 사무실을 가로질러 자기 자리

로 돌아갔다.

샘은 윌버의 직원들 가운데 가장 성공한 편에 속했다. 창고에서 일하다가 영업부로 진급되어 온 그는 몹시 수줍음을 타는 성격임에도 불구하고 세일즈맨으로 두각을 드러냈다. 샘이 동북부 구역을 맡은 후로 그쪽 매출은 10개월이 넘도록 눈에 띄는 향상을 기록하고 있었다.

에릭의 아버지는 늘 외향적인 사람만이 유능한 세일즈맨이 될 수 있다고 주장했다. 하지만 샘은 에릭이 만나본 사람들 가운데 가장 소심한 성격을 지녔음에도 불구하고 회사의 판매 왕이 되어가고 있었다. 에릭은 그가 서류 가방에서 주문서 파일을 꺼내는 모습을 보며 말을 걸었다.

"자넨 오늘 꽤 괜찮았던 모양이군."

샘은 짧게 그를 올려다보았다.

"응, 그럭저럭······."

그는 주문서들을 깨끗한 책상에 조심스럽게 올려놓고 펜을 하나 집어들었다.

"저……, 에릭?"

그러고는 입술을 한 번 축이고 사무실을 빙 둘러보고는 에릭과 눈을 맞췄다.

"조언 좀 부탁해도 될까?"

에릭은 의자 깊숙이 몸을 기대며 고개를 끄덕였다.

"물론이지. 조언이라……. 이거 영광인데."

"다행이군. 고맙네."

샘의 목젖이 위아래로 몇 번 움직였다.

"여길 그만두려구. 다른 회사에서 제의를 받았는데 그걸 받아들여야 할지 잘 모르겠어서……."

에릭은 눈을 동그랗게 뜨고 되물었다.

"괜찮은 자리야?"

뒤이어 샘은 이제 막 창업하는 회사의 주요 직책을 제안받았다고 설명했다. 얘기를 들어보니 일종의 공동 경영인이 되는 셈이며 무한한 기회가 주어질 것 같았다.

"나한테 그런 제의가 들어왔다면 난 벌써 여길 떴을 걸."

에릭이 말했다.

샘은 콧잔등을 긁으며 발을 가만두지 못하고 있었다.

"고맙네. 나도 같은 생각이긴 한데……. 부장님한테는 어떻게 얘기하지?"

때마침 던컨이 사무실로 돌아오는 바람에 에릭은 대답할 틈이 없었다. 던컨은 코트를 집어들고는 샘의 인사도 무시한 채 황급히 사무실을 나갔다. 에릭은 재빨리 샘에게 그날 있었던 일을 설명해 주었다.

"부장님한테 얘기하려다가 몇 번이나 미뤘다구. 오늘은 꼭 말해야 하는데 하필 이런 날……."

에릭은 서둘러 자신의 주문 상황을 자세히 기록한 후 월버의 비서인 에이브릴에게 가서 넘겨주었다. 이십대 중반의 호리호리한 에이브릴은 쾌활한 성격에 늘 미소를 잃지 않는 사람이었지만 그날은 얼굴을 잔뜩 찌푸리고 있었다.

"기운 내요."

에릭은 에이브릴에게 말을 건네며 속으로 생각했다.
'지금 누구 얘기를 하고 있는 거야?'
"부장님이 좀 보자고 하시는데요."
에이브릴이 말했다.
"지금?"
그녀는 고개를 끄덕였다.
"안에 샘 없나? 좀 전에 들어간 것 같은데."
"금방 나갔어요. 지금은 아무도 없어요."
윌버는 컴퓨터에서 출력한 문서를 훑어보고 있었다. 그는 에릭에게 앉으라고 손짓을 하고는 그것을 끝까지 읽었다. 그런 다음 한숨을 쉬며 보고서를 책상에 내려놓고 입을 열었다.
"소식은 들었겠지?"
에릭은 고개를 끄덕였다.
"로치엘 건이오? 들었습니다."
이 대답만으로는 충분하지 않은 것 같았다. 윌버는 다음 대답을 기다리고 있었다.

"샘 얘기도 들었습니다. 그만둔다니 정말 서운합니다."

윌버는 침울하게 고개를 저었다. 제멋대로 헝클어진 긴 반백의 곱슬머리 아래로 선해 보이는 둥근 얼굴이 유난히 슬퍼 보였다.

"다들 조금씩 분발해야겠죠."

에릭이 말했다.

윌버는 문서를 집어들었다가 다시 책상 위에 탁 내려놓았다. 늘 다정하던 눈에서도 생기를 찾아볼 수 없었다.

"조금씩만 분발해서는 안 될 것 같은데. 이를테면 자네 실적이……."

"알고 있습니다. 저도 상향세로 돌려보려고 노력 중입니다."

윌버는 깊이 한숨을 내쉬었다.

"다른 문제가 있는 건 아니고? 하긴, 무슨 일이 있었으면 날 찾아왔겠지. 안 그런가?"

에릭은 고개를 끄덕였다.

"물론이죠."

"집에도 별고 없나? 제니와 아이들은?"

"2주 동안 휴가를 가 있습니다. 지금 농장에 있는 아이들 외가에서 지내고 있죠."

에릭은 차마 제니가 그들의 결혼 생활을 좀더 생각해 보기 위해 휴가를 떠났다는 얘기는 할 수 없었다. 하지만 곧 윌버가 자신을 유심히 살펴보고 있음을 깨달았다.

"문제가 있긴 있군. 내가 뭐 도와줄 일이라도 있나?"

윌버가 말했다.

"신경 써주셔서 고맙습니다만 아무 문제 없습니다. 괜찮습니다, 부장님."

윌버는 미소를 지으며 말했다.

"그렇다면 다행이군. 오늘 벌써 청천벽력 같은 소식을 두 번이나 들었는데, 그 이상은 아무래도 무리일 것 같으니 말일세. 하지만 자네 실적이 걱정이야. 항상 일정했는데 요즘은 들쑥날쑥 종잡을 수가 없어. 서서히 떨어지고 있다는 점만 빼고는 일정한 양상이 없단 말이야.

그걸 원상복귀시키는 데 뭐 도울 일 있으면 말해 보게."

에릭은 그 오후를 간신히 보내고 집에 가는 길에 바에 들러 혼자 술을 몇 잔 마셨다. 전에는 이런 일이 한 번도 없었다.

집은 컴컴했다. 그는 맥주를 좀 더 마시고는 제니가 준비해 둔, '화요일'이라는 메모가 붙은 저녁 식사를 냉동실에서 꺼내 전자 레인지에 데웠다. 버섯과 파스타를 곁들인 로스트 치킨. 여느 때 같으면 매우 좋아했을 메뉴지만 오늘 저녁에는 그다지 맛있게 느껴지지 않았다. 그러고 나서 그는 텔레비전 앞에 앉아 뉴스를 보았다. 하지만 역시 아무것도 귀에 들어오지 않았다.

대신 머릿속에는 왜 자신의 문제를 윌버에게 털어놓지 않았을까 하는 의문이 가득 차 있었다. 어떤 관계든 기복이 있기 마련이지, 하고 그는 중얼거렸다. 왜 아무에게도 얘기할 수 없었을까? 윌버에게 숨기지 않고 전부 털어놨다면 도움이 됐을지도 모를 일이다. 윌버는 그를 동정했을 테니까. 하지만 바로 그게 문제였다. 에릭은 누구에게도 동정받고 싶지 않았던 것이다.

그는 충동적으로 처가에 전화를 걸었다. 하지만 모두들 외출을 했는지 자동응답기 소리가 그를 맞았다. '삐―' 하는 소리가 들리자 그는 메시지를 남겼다.

"보고 싶어서 걸었어. 휴가 잘 보내고 있지? 모두들 사랑한다. 잘 자……."

잠자리에 들려는데 집에 들어오면서 우편물을 확인하지 않았다는 사실이 떠올랐다. 우편함에는 청구서 두 개와 그의 이름과 주소가 깔끔하게 적힌 하얀 편지 봉투 하나가 들어 있었다.

갑자기 그는 30년 전 고등학교 역사 시간으로 돌아간 듯한 착각이 들었다. 그가 아는 한 이렇게 글씨를 멋지게 쓰는 사람은 네빈 선생님밖에 없었다. 하지만 그분은 벌써 이 세상에 없을 것이다. 30년 전에도 나이가 지긋했으니까. 게다가 30년을 연락 한번 없이 지냈는데 이제 와서 새삼 그에게 편지를 보냈겠는가?

그는 편지를 갖고 들어와서 다시 텔레비전 앞에 앉았

다. TV 소리가 몹시 시끄럽게 느껴졌다. 에릭은 TV 전원을 끄고 봉투를 이리저리 돌려보았지만 발신 주소도, 우표도 찾아볼 수 없었다.

에릭은 내용물이 찢기지 않도록 조심하며 천천히 봉투를 뜯었다. 안에는 옅은 노란색 종이 한 장이 들어 있었고 종이 양면에 깨끗한 글씨가 빼곡히 들어차 있었다. 에릭은 발신인 서명을 찾으려고 편지지를 뒤집어보았다. 프랭클린 B. 네빈. 30년 전의 역사 선생님이었다.

에릭에게

잘 지냈나? 어느새 자네가 30년 전의 내 나이가 되었겠군. 난 바로 어제 일은 기억하지 못하면서 자넬 가르쳤던 일만은 생생하게 기억한다네. 자네가 역사에 완전히 마음을 빼앗기던 날, 그러니까 자네 머릿속에 전구가 '팍' 하고 켜지던 날 기억나나? 나는 기억한다네. 선생이란 사람들은 늘 그런 순간을 잊지 못하는 법이지. 아주 드문 경우니 말일세. 교사 생활 40년 동안 대여섯 번 있을까 말까 한 일이라네. 기억나는군. 그날이 생생하게 기억난다네. 그 일이 일어난 순간은 절대 잊지 못하고 있지. 그러니까 그 수업 시간에 무엇을 토론하고 있었는지, 누가 집중을 하고 또 누가 딴 짓을 했는지 정확히 얘기할 수 있단 말일세. 아주 오래 된 일이지만 자네도 틀림없이 그날의 주제를 잊지 않았을 거야. 자넨 늘 기억력이 뛰어난 학생이었으니 말이야.

에릭, 자네의 꿈들, 자네가 하고자 했던 그 멋진 일들을 모두 기억하나? 그것들이 전부 이루어졌길 바라네. 사람들은 대부분 저마다의 꿈을 갖고 있지. 그리고 점점 더 많은 꿈을 꾼다네. 나름대로의 꿈을 갖고 그것을 실현시키는 사람들, 그들이 바로 세상을 변화시킬 수 있는 사람들이야. 에릭, 자넨 세상을 변화시키고 있나?

물론 사람들은 여러 가지 방식으로 세상을 변화시

킨다네. 어떤 이들은 우리의 삶 전체를 크게 변화시키는 발명품을 만들어내고, 또 어떤 이들은 사람들의 심금을 울리는 음악을 작곡하지. 그런가 하면 학생들을 가르치면서 가끔씩 어떤 학생의 머릿속에 전구가 '팍' 하고 켜지는 걸 목격하는 사람들도 있다네. 그러니 나 역시 작게나마 세상을 변화시켰다고 주장할 수 있지. 자네와 다른 학생들이 지금 각자 해야 할 일을 정확히 하고 있다면 말일세. 만약 자네를 포함해서 내가 영향을 미친 몇몇 학생들이 스스로 꿈꾸었던 바를 조금이라도 이행하고 있다면 이 세상은 정말 멋지게 이끌려 나가고 있는 셈이라네.

　에릭, 내가 수업 시간에 학생들에게 졸업 후에 무얼 할 거냐고 물은 날을 기억하나? 내가 왜 그런 걸 물었는지 궁금하지 않았나? 나는 그 대답들을 통해서 내 수업을 반 학생들 모두에게 적절하도록 만들 수 있었다네. 자넨 웃으면서 이렇게 물을지도 모르겠네. "그런 게 역사와 무슨 상관이 있죠?" 하지만 나는 그들이 목표하는 바를 알아냄으로써 내가 몇몇 학생들에게나마 영향을 주었음을 확신할 수 있었다네.

학생들 저마다 목표의 수준은 천차만별이라네. 후에 대통령이 될 거라고 발표한 조니 바버를 기억하나? 그 아이가 살아 있었다면 정말 대통령이 되었을지도 모르지. 자네 반 친구들은 꽤 똑똑했다네. 회계사나 변호사, 핵물리학자, 의사, 기자 등이 되겠다는 친구들이 많았거든. 기업가가 되겠다는 아이도 있었지. 지금으로 치면 별것 아니지만 그때만 해도 내 수업 시간에 기업가가 되겠다는 아이는 없었다네. 하워드는 지금 그 꿈을 이뤘지. 자넨 그때 뭐라고 했는지 기억나나, 에릭? 지금 그 일을 하고 있나?

아직 시작하지 못했다고 해도 지금도 늦지 않았네. 늦지 않았고말고. 나는 나이 일흔에, 그러니까 생을 마감할 시기에 박사 학위를 받았으니 말이야. 우리 가족들은 나를 '늙은 바보'라고 불렀지만, 난 내 자신에게 할 수 있다는 걸 증명해 보이고 싶었어. 그래서 열정을 다 바쳤지.

  에릭, 자네에게도 열정이 있을 게야. 그래, 자네 열정은 뭔가?

  하나만 더 얘기하지. 자신에게 관대할 것. 사람들은 누구나 다른 사람에게보다 스스로에게 더 혹독한 경향이 있다네. 마음을 편히 갖고 꾸준히 자부심을 키우게. 해놓은 일이 거의 없다고, 혹은 하지 않은 일이 거의 없다고 몇 년 동안 몹시 한탄만 하는 사람들도 있지. 그건 인생에 전혀 도움이 되지 않는다네. 자신을 용서하고 꾸준히 전진하면 되는 거라네.

  자, 내가 말하고 싶은 건 여기까지네. 결혼을 했는지 물어볼까 하는 생각도 해봤지만 당연히 했을 것 같으니 그만두겠네. 아이들도 있겠지? 자넨 아마 훌륭한 아빠가 되어 있을 걸세.

  난 이제 아무짝에도 쓸모 없는 늙은이지만 그래도 멋진 일생을 살았다네, 에릭. 교사는 그리 매혹적인 일도, 신나는 일도 아닌데다가 보수도 변변치 않다네. 하지만 예나 지금이나 그건 내 열정이야. 전구에 불이 켜지는 걸 목격하는 것도 아주 좋아하지.

자신을 다시 한 번 돌아보게, 에릭.

_프랭클린 B. 네빈

에릭은 손이 떨려오기 시작했다. 네빈 선생님이 편지를 보냈다. 하지만 왜? 30년이나 지났는데 왜 이제 와서 편지를 보냈을까? 에릭은 자리에서 일어나 방을 서성이며 편지를 읽어 내려갔다.

편지를 읽는 동안 눈물이 뺨을 타고 흘러내렸다. 그는 다시 한 번 네빈 선생님의 수업 시간으로 돌아가 남북전쟁 발발 원인에 관한 설명을 듣고 있었다. 네빈 선생님의 말은 사실이었다. 그날 그의 머릿속에는 '팍'하고 불이 켜졌다. 그는 역사에 완전히 매료됐던 것이다. 사실 지금도 마찬가지였다. 그 모든 게 네빈 선생님 덕분이었다.

이따금씩 그도 네빈 선생님이 왜 열네 살짜리 아이들에게 장래 희망을 물었는지 궁금해지곤 했다. 하지만 학생들을 보다 잘 가르치기 위해 그런 질문을 했다니, 얼마나 그다운 일인가.

그는 반 친구들 앞에서 자신의 꿈을 얘기하는 게 두려웠다. 네빈 선생님이 교실을 돌면서 파일럿이나 의사가 되겠다는 아이들의 얘기를 듣고 있을 때 에릭은 점점 목이 죄어오는 것을 느꼈다. 그리고 마침내 자신의 차례가 돌아왔을 때, 그는 간신히 소리를 내어 자신의 꿈을 얘기했다.

"선생님, 저는 세일즈맨이 되고 싶어요. 우리 아빠처럼 훌륭한 세일즈맨이요."

네빈은 에릭의 눈을 똑바로 쳐다보며 온화하게 고개를 끄덕였다.

"그래, 넌 훌륭한 세일즈맨이 될 수 있단다, 에릭. 그게 정말 하고 싶은 일이라면 틀림없이 할 수 있을 게야."

왜 에릭은 그 꿈을 잊고 살았을까? 열네 살 때는 정

말 쉬운 일이었다. 물론 그는 세일즈맨이 되었다. 하지만 '훌륭한' 세일즈맨이 되지는 못했다. 아버지가 성취한 것의 근처에도 가지 못한 것이다.

한 시간 후, 에릭은 침대에 누워 몸을 뒤척이고 있었다. 이런저런 생각들 때문에 잠이 오지 않았다. 정말 아직 늦지 않았을까? 아직도 나에게 열정이 남아 있을까? 아직 꿈이 있을까? 혹시 그저 '살기' 위해 발버둥치고 있는 건 아닐까?

마침내 그는 편지를 보내준 네빈 선생님께 조용히 감사드리며 잠 속으로 빠져들었다.

"당신의 열정은 무엇인가?"

"스스로에게 관대하라."

2_열정

"미치도록
원하는
 일에
 모든 것을
쏟아라"

에릭은 눈을 드자마자 정신이 번쩍 들었다. 몸을 기울여 침대 옆에 놓인 시계를 보니 새벽 여섯시였다. 평소보다 정확히 한 시간이나 일찍 일어난 것이다. 그는 다시 눈을 감고 잠을 청했지만 이런저런 생각들이 머릿속을 헤집고 다녔다.

'선생님 말씀이 맞아.'

에릭은 천천히 출근 차량들 사이로 들어서면서 생각했다. 한때는 그도 열정을 갖고 있었다. 하지만 그건 아주 오래 전의 일이다. 그렇다면 지금은 무얼 갖고 있을까? 그는 쉽게 대답할 수가 없었다.

에릭은 일곱시 삼십분에 회사에 도착해서 한 시간 동안 책상에 놓인 편지들과 메시지들을 처리했다. 그런 다음 막 커피를 타켜는데 전화벨이 울렸다. 사장 벨로스였다.

"나보다 조금 일찍 도착했더군."

수화기를 타고 벨로우스의 쩌렁쩌렁한 목소리가 들려왔다.

"난 예리하고 열정적인 세일즈맨을 좋아한다네. 내 방에서 잠깐 보자구."

에릭은 벨로스의 거침없는 태도에는 이미 익숙해져 있었다. 그는 복도를 걸어가서 벨로스의 방문을 두드렸다. 그리고 회사 방침에 따라 응답을 기다리지 않고 바로 문을 열고 들어갔다.

벨로스는 거의 일흔에 가까운 나이에도 불구하고 일주일에 60시간씩 일에 매달려 사는 사람이다. 작고 뚱뚱한 몸집에 항상 유쾌한 얼굴. 반백의 머리카락이 반들거리는 대머리를 둘러싸고 있었다. 에릭을 보는 그의 눈은 반짝반짝 빛이 났다.

"왔구먼, 젊은 친구. 이리로 앉게."

그가 말했다.

한때 에릭은 '젊은 친구'라고 불리는 게 몹시 싫었지만 40대에 들어서니 오히려 반갑게 느껴졌다. 이때를 제외하고는 자신이 젊다고 느끼는 일이 거의 없었기 때문이다.

"이제 좀 나아진 것 같군. 어제는 세상 걱정을 혼자 다 짊어지고 있는 것 같더니."

벨로스가 말했다.

"어젠 안 좋은 일들이 좀 있었습니다."

에릭이 시인했다.

"하지만 오늘은 훨씬 좋은 하루가 될 것 같은데요."

벨로우스는 웃으면서 말했다.

"나는 매일 아침 눈을 뜰 때마다 스스로에게 오늘은 아주 멋진 날이 될 거라고 얘기한다네. 그러면 보통은 정말 멋진 날이 되거든. 일종의 마인드 컨트롤이지."

에릭을 쳐다보는 그의 얼굴에서 서서히 미소가 사라졌다.

"로치엘 문제는 알고 있겠지?"

에릭은 고개를 끄덕였다.

"윌버하고 던컨이 오늘 그쪽에 가보기로 했다네. 자네도 같이 가보게."

에릭이 뭔가 대꾸를 하려고 하자 벨로스는 손을 들어

그의 말을 막았다.

"아니, 좀더 들어보게. 윌버는 정말 멋진 친구야. 하지만 너무 물러서 탈이지. 보통은 적절한 결과를 이끌어 내지만 너무 침착하게 빙 돌아가는 경향이 있어. 반대로 던컨은 시끄럽고 활발한 사람이라네. 무슨 일이 있으면 발끈해서 화부터 내거든. 감정을 좀 절제할 줄 아는 사람이 따라가야 돼. 자네처럼 냉철한 사람이 필요하단 말일세."

에릭은 떨떠름한 미소를 지어 보였다.

"윌버하고는 상의해 보셨습니까?"

벨로스는 고개를 끄덕였다.

"윌버는 나더러 함께 가자는데, 내 생각엔 더 절박한 상황을 생각해서 좀 아껴둬야 할 것 같네. 필요하면 내가 직접 그쪽 사장을 만나봐야지. 하지만 그건 최후의 수단으로 남겨두자구. 가겠나?"

"사장님께서 원하신다면 당연히 가야죠."

에릭은 잠시 머뭇거리다가 말을 이었다.

"그런데 왜 하필 접니까?"

"자네 정도로 경험을 쌓고 성숙한 사람이라면 충분히 처리할 수 있을 거야. 윌버도 자네가 잘 해낼 거라고 하더군."

로저 스택폴은 삼십대 후반쯤 되어 보였고, 키가 크고 마른 체격에 얼굴이 긴 사내였다. 머리는 금발이었는데 그 때문인지 길고 마른 얼굴이 더욱 초췌해 보이는 것 같았다. 브레이저사의 일행도 몇 분 일찍 약속 장소에 도착했지만 로저는 더 일찍 나와서 앉아 있었다. 일행이 식당의 룸 안으로 들어서자 그는 자리에서 일어나지도 않고 무표정한 얼굴로 고개만 까딱해 보였다.

몇 분 동안 이들은 사업이 전반적으로 어떻게 돌아가는지, 그리고 20년이 넘도록 브레이저가 로치엘에 어떻게 납품을 해왔는지에 관해 얘기를 나눴다. 여종업원이 주문을 받고 나가자 윌버가 말했다.

"우린 지금까지 꽤 좋은 관계를 유지해 왔습니다."

"하지만 그쪽에서 좀 무심했던 건 사실이죠."

로저가 말했다.

"브레이저는 수년 동안 우리를 당연한 고객으로 생각해 왔단 말입니다. 던컨이 90분이나 늦었을 때는 거의 참을 수가 없더군요. 이젠 다른 거래처를 찾아야겠다는 생각이 들었습니다."

던컨의 표정이 굳어지면서 뭔가 말을 꺼내려고 했지만 에릭이 그의 팔을 잡았다.

"던컨은 연락을 하려고 노력했습니다."

윌버가 말했다.

로저는 어깨를 으쓱하며 대꾸했다.

"그랬다고 하더군요."

"두 번인가 전화를 했습니다."

던컨의 목소리는 굳어 있었다.

"메시지를 남겼어야 했는데……. 그걸 이제 알았습니다. 하지만 두 번 다 연결이 안 되더군요. 스택폴 씨도 바쁘신 것 같아서 계속 연락을 하느니 최대한 빨리 도착하는 게 낫겠다는 생각이 들었습니다."

로저는 고개를 저었다.

"그것만으로는 안 되죠. 적어도 메시지는 남겼어야 하는 것 아닙니까?"

"맞는 말씀입니다. 던컨도 이제 잘 알았을 겁니다. 그보다는 저희가 어떻게 해야 다시 거래를 재개하실 건지가 더 중요한 문제인 것 같군요."

윌버가 말했다.

로저는 천천히 고개를 저으며 입을 열었다.

"이미 늦었습니다. 그쪽 직원을 한 시간 반이나 기다렸단 말입니다. 그 사이에 다른 회사에 전화를 걸었죠. 그쪽에서는 아주 기쁘게 주문을 받아가더군요."

그는 희미하게 의미심장한 미소를 지으며 윌버를 쳐다보았다.

"일단 그쪽하고 3개월 동안 거래를 해보기로 계약했습니다."

에릭은 이런저런 생각을 해보고 마침내 입을 열었다.

"하지만 저희는 지난 20년 동안 양질의 서비스를 제공했다고 생각합니다. 사전에 던컨에게 언지라도 주셨으면 상황이 이렇게 되지는 않았을 겁니다. 우리도 지금까지 로치엘사를 돕기 위해 최대한 노력해 왔습니다."

"이번에 계약한 업체도 최대한 노력하겠다고 하더군요. 적어도 저를 그렇게 기다리게 만들진 않겠죠. 납품 일자도 꼬박꼬박 지킬 겁니다. 몇 달 후에 다시 연락 주세요. 그럼 그 업체와의 거래가 어땠는지 자세히 알려드리죠."

에릭과 윌버는 간청도 해보고 달래보기도 했지만 로저는 요지부동이었다. 그의 말처럼 이미 늦은 것이다. 그는 이미 새로운 공급업체와 3개월 계약을 한 상태였고 그걸 번복할 생각은 없는 것 같았다.

"업체를 바꿀 정도로 마음에 안 드셨다면 그 동안 왜 한 번도 불만을 말씀해 주지 않으셨습니까?"

식사가 끝나갈 무렵 윌버가 물었다.

로저는 미소를 지으며 대꾸했다.

"마음에 안 들었던 적은 없었습니다. 특별히 좋을 것도 없었지만."

"저희가 납품 일자를 어긴 적이라도 있습니까?"

"없습니다."

"대금을 지불하는 데 골치 아픈 사항이 있었습니까?"

로저는 고개를 저었다.

"없었던 것 같은데요."

"던컨이 그때그때 제품에 관한 필요한 정보를 빠짐없이 제공했습니까?"

로저는 어깨를 으쓱했다.

"뭐, 그랬던 것 같습니다."

"그렇다면 저희가 잘못한 게 뭡니까?"

로저는 잠깐 몸을 쭉 펴고 여종업원을 향해 미소를 지었다. 그러고는 윌버가 계산을 마칠 때까지 기다렸다가 대답했다.

"그쪽에서 잘못한 건 없습니다. 그냥 바꿀 때가 됐다

는 생각이 든 것뿐이죠."

에릭은 다음 약속 장소로 차를 몰고 가면서 식당에서의 일을 생각해 보았다. 로저는 그들이 잘못한 게 없다고 했지만 엄밀히 말하면 그건 사실이 아니었다. 그들은 로치엘사를 당연한 고객으로 여겨왔다. 그쪽과의 거래를 특별하게 생각하기보다는 안이하게 여겨온 게 사실이었다. 던컨이 로치엘이 아닌 다른 회사에서 1만 달러어치의 주문을 받으려 했다면 그는 오히려 약속 시간보다 일찍 도착했을 것이다.

에릭은 로비에 앉아 고객을 기다리면서 네빈의 편지를 다시 읽어보았다. 사실 이제는 거의 외울 수도 있었다.

그런데 이번에는 머릿속에 불이 켜지는 느낌이 들더니 에너지 파장이 온몸을 휩쓸었다.

'아직 내게 열정이 남아 있다는 뜻인가?'

그는 궁금해졌다.

에릭은 편지가 또 오리라고는 기대하지 않았다. 하지

만 그러면서도 집으로 차를 몰고 가면서 편지가 와 있을 것 같은 느낌이 커지고 있었다. 놀랍게도 우편함에는 똑같은 서체의 글씨가 적힌 하얀 봉투가 들어 있었다. 에릭은 몹시 기뻤다.

에릭에게

내 평생 연애할 때 빼고는 채 이틀도 안 돼서 같은 사람에게 편지를 두 통씩 보낸 적은 없었네. 하지만 무언가가 자네에게 얘기를 들려줘야 한다고 알려주더군.

내 얘기를 들려주겠네. 나는 굉장한 부자라네. 물론 돈이 많아서는 아니지. 뭐, 모아둔 돈이 조금 있기는 하지만 말일서. 내가 부자라고 하는 건 인생의 대부분을 하고 싶었던 일을 하면서 살아왔기 때문이라네.

나는 열 살 더 교사가 되겠다고 결심했지. 그때 프랜스 선생님이라는 분이 내게 자극을 주었다네. 그러니까 내 머릿속에 불을 켜주신 분이지. 우리 부모님은 내가 사업을 하기를 원하셨지. 물론 그건 내게도 솔깃했던 일이었다네. 솔직히 얘기하면 교사 월급으로 아이를 넷이나 키우면서 힘든 일도 여러 번 있었거든. 하지만 내가 가야 할 길은 역시 교사의 길이더군.

이해할 수 있겠나, 에릭? 이건 아주 중요한 문제야. 누구에게나 이 생을 살면서 해야 할 일이 있다네. 그게 우리의 목적, 그러니까 우리가 이 세상에 존재하는 이유지. 대부분의 사람들은 끝까지 자신의 목적과 열정을 찾지 못한다네. 슬픈 일이지. 하지만 더러는 그렇지 않은 사람들도 있다네. 에릭, 인생을 돌아보고 자네가 특별히 잘 했던 것, 정말 하고 싶었던 것을 다시 한 번 생각해 보게. 지금 그 일을 하고 있나? 아니라면 이유가 뭔가? 예전에 정말 즐겼던 일을 돌아봄으로써 열정을 되찾는 경우가 있다네.

몇 년 전 스포츠를 무척 좋아하던 한 학생이 있었네. 하지만 안타깝게도 몸이 따라주질 않았어. 시력이 꽤 나빴거든. 학교에서 시합을 해도 선수로 출전할 수 없었지. 참 안타까웠다네. 하지만 그 친구에겐 그런 게 아무 문제가 안 되더군. 그 친군 스포츠 자체를 사랑했던 거야. 스포츠에 관해 얘기를 나누는 일, 심지어는 스포츠에 관해 글을 쓰는 일까지 무척 좋아했다네. 대학을 졸업하고 그 친구는 라디오 방송국에 취직을 했지. 그러고는 얼마 안 가서 스포츠 기자 줌 경기 해설자로 방송을 타더니, 결국에는 꽤 유명해졌다네. 스포츠는 그 친구의 열정이었고, 결국 그걸 직업으로 만든 게야. 선수로서가 아니라(그건 불가능한 일이었지) 자신의 열정과 사랑을 널리 알려서 저명한 기자가 된 것이지. 그 친구가 그것을 그저 일로 받아들였다면 그렇게 될 수 있었겠나?

    다시 자네 얘기로 돌아가보겠네. 자네가 열네댓 살 때 내게 자네의 열정을 얘기했지. 바로 세일즈였다네. 나는 그게 마치 어제 일처럼 생생하게 기억난다네. 자네는 다른 친구들 앞에서 그 열정을 얘기하는 걸 두려워했지만 결국엔 하고 말았지. 그것도 아주 자랑스럽게, 확신에 차서 얘기했다네. 변호사나 회계사가 되겠다고 한 친구들 대부분은 자네처럼 진심이 아니었지. 만약 그 아이들이 부단히 노력해서 정말 변호사나 회계사가 됐다고 해도 그들이 자신의 직업을 사랑할 수 있겠나? 그 일에 열정을 가질 수 있겠나? 그저 돈을 버는 수단 정도로 생각하지 않겠나?

자네가 열정을 얘기했을 때 난 자넬 믿었다네. 그날 그 반에서 내게 자네처럼 믿음을 준 아이들이 두세 명 정도 있었지. 그 아이들도 열정을 지니고 있었단 말일세.

물론 열정만으로 다 되는 건 아니야. 결단력도 있어야 하고 끈기도 있어야 하고 뚜렷한 목표도 있어야 하지. 그게 바로 우리에게 꿈이 필요한 이유라네. 에릭, 자넨 훌륭한 세일즈맨이 되는 걸 꿈꿨어. 그때 자넨 자신이 그 일을 하는 모습을 본 것이지. 그걸 감지하고 느끼고 심지어는 맛볼 수도 있었지. 나도 충분히 공감할 수 있었다네. 나 역시 교사라는 직업에 대해 똑같이 느꼈으니까.

혹시 학교에서 수위 일을 하던 스토크스 씨 기억나나? 기억 못 할 터지. 눈에 띄는 사람이 아니었으니 말이야. 하지만 언제나 학교를 깨끗하고 보기 좋게 가꿨다네. 대부분의 사람들은 그를 인생의 낙오자로 여겼지만 나는 아니었어. 스토크스 씨와 나는 좋은 친구가 되었지. 나는 그가 자신의 일에 쏟아붓는 세심함과 집중력을 엿볼 수 있었네. 학교에 있는 사람들 가운데 맡은 일을 가장 열심히 하는 사람이었지. 에릭, 그는 일을 사랑했던 거야. 그가 은퇴하던 날 얼마나 울던지. 그 역시 일을 사랑했기 때문이지. 자넨 지금 하는 일을 사랑하고 있나?

물론 누구에게나 안 좋은 날은 있기 마련이라네. 나도 마찬가지야. 배우려는 의욕이 전혀 없는 아이들도 가르쳐야 하고, 욕을 달고 사는 폭력적인 아이들도 상대해야 하니 말일세. 언젠가 수업 시간에 총을 가져

온 아이도 있었지. 자네도 기억할 걸세. 하지만 나는 그런 일을 마음속에 오래 담아두는 편이 아니야. 보통은 내가 긍정적으로 영향을 미친 사람들을 생각하지. 자네에게 이 편지를 쓰는 이유도 바로 그 때문이라네.

　대부분의 시간에 나는 생각을 선택한다네. 내게도 나쁜 생각과 좋은 생각이 공존하니 말이야. 부정적인 생각과 긍정적인 생각. 누구나 그렇겠지. 나는 긍정적인 생각에 초점을 맞추려 노력한다네. 때로는 쉽지 않을 때도 있지. 포기하고 도망치고 싶은 적도 한두 번이 아니었다네. 모든 걸 남겨두고 말이야. 자네도 그런 적이 있었겠지. 누구나 마찬가지라네. 하지만 자넨 쉽게 포기하지 않는다는 강점을 지녔지. 꾸준히 매진하는 타입이야. 끈기를 지녔다는 말일세.

　자, 이제 요약을 해보지. 내가 좀 두서 없이 말을 늘어놓은 경향이 있지? 그게 바로 좋은 교사라는 뜻일 게야. 그런 선생 밑에서는 온갖 종류의 지식을 배울 수 있잖나. 인생을 배울 수 있을 거란 얘기네.

정말 요약을 해보세. 에릭, 꿈을 좇고 있나? 자네가 두려울 정도로 하고 싶은 일이 있나? 미치도록 원하는 일 말이네. 그랬으면 좋겠네, 에릭. 원대하고 가치 있는 무엇, 그러니까 놓치지 않고 목표로 삼아 전진할 수 있는 무언가가 자네 앞에 있어야 한다네. 꼭 그것을 성취하지 못해도 상관없네. 목표를 높게 설정하고 그것을 위해 부단히 노력하면 되는 거야. 그 여정을 즐겨보게, 에릭. 그것을 향한 여정은 거기에 도달하는 것보다 훨씬 중요하거든. 목표를 높이 설정하고, 가치 있다고 여겨지는 무언가를 위해 부단히 노력하면 후회 없이 생을 마감할 수 있지. 인생에 최선을 다했을 테니 말이네.

자네가 이 편지에 크게 연연하지 않았으면 좋겠네, 에릭. 난 그저 자네에게 당장 얼마간의 격려가 필요하다고 느꼈다네. 나의 이 명상적인 도움이 자네 머릿속에 있는 것들을 깨끗이 정리해 주었으면 좋겠네. 게다가 이건 전적으로 자네만을 위한 일도 아니거든.

내 생각을 써내려가는 건 나 자신에게도 많은 도움이 되니까.

　조만간 또 편지하겠네.

_프랭클린 B. 네빈

　그는 그것을 성배처럼 소중하게 품고 안으로 들어갔다. 그러고는 소파에 앉아 조심스럽게 봉투를 열고 멋진 글씨가 빼곡히 들어찬 종이를 꺼내어 읽기 시작했다. 가슴이 마구 뛰어왔다.

　에릭을 다시 현실로 데려다준 것은 지독한 허기였다. 시계는 아홉시 삼십분을 가리키고 있었다. 세 시간 동안 식탁에 앉아 있었던 것이다. 우스운 얘기지만, 네빈이 그곳에 함께 앉아 있었다는 확신이 들었다.

"자신의 일을 사랑하라."

"꿈을 좇으라."

"목표를 향한 여정을 즐겨라."

3_긍정

"고달픈
　　시간은
　　　한없이
　　　　계속되지
　　　　　않는다"

에릭은 또다시 새벽 여섯시에 잠에서 깨어 일곱시 삼십분에 사무실에 도착했다. 여덟시가 조금 못 되었을 때 벨로스가 도착하는 소리가 들렸다. 에릭은 그를 따라 사장실로 들어갔다.

"자네 아내에게 가끔 휴가를 가라고 해야겠군. 이틀 연속으로 나보다 먼저 출근을 하다니!"

벨로우스가 웃으면서 말했다.

에릭도 함께 으으며 잠시 그 편지에 관해 벨로스에게 털어놓을까 하는 생각이 들었다. 하지만 지금은 그만두기로 했다.

"제니가 휴가를 떠나는 바람에 졸지에 1등을 두 번이나 했습니다."

벨로스가 고개를 끄덕였다.

"자넨 사랑하는 아내와 아이들이 있으니 정말 행복한 줄 알게."

그는 단호하지 집게손가락을 들어올렸다.

"가족들에게 잘 해. 자네에겐 최고의 재산이니까."

에릭은 벨로스가 몇 년 전에 아내를 잃었다는 사실을 떠올렸다. 게다가 그는 벨로스에게서 자녀들 얘기를 들어본 적이 한 번도 없었다. 벨로스는 의자에 앉은 채 몸을 앞으로 굽혔다.

"윌버에게서 그날 점심 얘길 들었네. 로치엘은 다른 업체와 거래를 할 모양이더군. 적어도 두세 달은."

"던컨이 계속 상황을 주시하고 있습니다."

벨로스는 한쪽 눈썹을 치켜올렸다. 그의 얼굴에서 잠시 미소가 사라졌다.

"로치엘이 그렇게 날아갔으니 영업부에서 그로 인한 손실을 어느 정도 메워줘야겠네. 영업부 직원들 전원이 판매 실적을 올려야 한단 말일세. 하지만 더 좋은 건 로치엘처럼 큰 건을 하나 물어오는 거지."

그는 깊게 한숨을 쉬고는 말을 이었다.

"물론 전에도 이런 일이 있었지. 하지만 늘 잘 헤쳐 나갔다네. 매출을 유지하는 건 자네들에게 달렸어. 지금까지는 편하게 일해 왔지, 에릭. 이제 자네 월급은 자네가 벌어야 돼."

아홉시에 윌버는 자신의 사무실에서 영업 회의를 가졌다. 영업부 직원들은 모두 무거운 분위기 속에서 윌버가 말을 시작하기 전까지 아무도 농담이나 잡담을 하지 않았다.

"빠른 시일 내에 조치를 취하지 않으면 다음 몇 달 동안 매출이 뚝 떨어질 겁니다."

윌버는 헛기침을 하고는 손가락을 만지작거렸다. 몹시 초조해하는 것 같았다. 하지만 곧이어 좀더 힘찬 목소리로 말을 이었다.

"새로운 시즌에 대비해 가능한 한 주문을 최대한 확보하는 동시에 큰 거래처도 하나 잡아야 합니다. 어떤 방법이 있겠습니까?"

에릭은 어느새 손을 들고 있는 자신을 발견하고 깜짝 놀랐다.

"괜찮으시다면 샘의 후임자를 뽑을 때까지 저도 나가서 동북부 구역 일을 돕겠습니다."

윌버가 웃으며 대답했다.

"제안은 고맙네만 별로 좋은 생각은 아닌 것 같네, 에릭. 제니가 나를 얼마나 미워하겠나? 자네 구역에 총력을 기울이고 괜찮은 거래처를 뚫을 수 있는지 알아보게."

에릭은 길에서 시간을 좀더 보내겠다는 제안을 거절 당해서 실망스럽긴 했지만 윌버가 다른 아이디어들을 수락한 것에 만족하기로 했다. 그날 고객을 방문하러 차를 몰고 가면서 에릭은 자신이 실제로 돕고자 하는 욕구보다는 도시를 떠나 개인적인 문제로부터 벗어나기 위해 그런 제안을 했을지도 모른다는 생각이 들었다. 윌버는 그 자신보다 그의 속마음을 더 잘 알고 있었던 것이다.

그날은 몹시 바쁜 하루였다. 에릭은 기진맥진한 채로 집에 도착해서는 재빨리 우편함으로 달려가보았다. 네빈의 편지는 없었다.

다음날 아침 윌버는 샘의 후임자를 뽑기 위해 지원

자 두 명을 면접하고, 그들을 데리고 영업부 사무실을 한 바퀴 돌았다. 한 명은 서른다섯 살로 판매 경력이 꽤 많았지만 안타깝게도 15년 동안 스무 번도 넘게 회사를 옮겼다.

다른 지원자의 이력서는 별로 주목할 만한 게 없었다. 하지만 한 가지, 그의 이름이 눈에 띄었다. 버니 네빈.

훤칠한 키에 당당해 보이는 버니 네빈은 에릭과 악수를 나누면서 그의 눈을 똑바로 쳐다보았다. 그는 강해 보이면서도 어딘지 정감이 가는 얼굴에 유쾌한 미소를 짓고 있었다. 이력서에 적힌 스물일곱보다 몇 살은 더 들어 보였다.

에릭이 말했다.

"내가 예전에 알던 분 중에 성이 '네빈'인 분이 계셨는데……. 아주 오래 전 학교 다닐 때 선생님이었소. 이름은 프랭클린. 프랭클린 B. 네빈."

에릭의 머릿속에는 두 장의 편지 하단에 또박또박 적

힌 이름이 떠올랐다.

"혹시 친척 아니오?"

버니는 고개를 끄덕였다.

"정말 놀랍군요. 친척분 맞습니다. 큰할아버지십니다."

그러고는 손을 저었다.

"그런데 별로 가까운 친척이 아니라서 못 뵌 지가 벌써…… 15년? 아니 더 됐을 겁니다. 아직 살아 계십니까?"

에릭은 고개를 끄덕였다.

"그럴 거요. 그분에게서 편지를 두 통이나 받았으니. 아직도 바쁘고 활기차게 사시는 것 같소."

버니는 미소를 지었다.

"잘 살고 계신다니 기쁘군요. 말씀드렸다시피, 그리 가까운 친척이 아니라……."

에릭은 한숨을 쉬며 말했다.

"우리 둘 다 '가족'이라는 방면에는 그리 능숙하지

못한 것 같군."

 일이 끝나고 에릭은 고객을 만나 가볍게 술을 한잔 마셨다. 그리고 그 자리가 저녁 식사로까지 이어지는 바람에 열시 반이 되어서야 집에 도착했다. 거의 잠이 들 무렵 에릭은 우편물을 확인하지 않았다는 사실이 떠올랐다. 우편함에는 편지가 한 통 들어 있었다. 에릭은 그것을 들어보지 않고도 네빈의 깨끗한 서체를 알아볼 수 있었다. 그는 안으로 달려들어가 조심스레 봉투를 뜯었다.

 에릭에게

 살다 보면 힘든 날이 참 많지. 생각해 보면 힘들지 않았을 때가 없었을 게야. 하지만 아무리 힘들어도 기회는 어디에든 있다네. 그리고 그럴 때일수록 자네의 열정을 보여줄 수 있다네. 에릭, 자네에겐 충분히 그럴 능력이 있어. 기회를 잡아서 그걸 실현시킬 수 있단 말이네. 지금 당장은 많이 힘들겠지. 하지만 그런 고달픈 시간이 한없이 지속되지는 않는 법이야. 견디고 이겨내면 좋은 시절이 오기 마련이지.

내가 힘들 때 얘기를 들려주겠네. 난 힘들 때면 세 개의 리스트를 만든다네. 첫번째 리스트에는 내가 성취하고자 하는 것들을 적고, 두번째 리스트에는 가능한 최악의 시나리오를 적는다네. 가령 내가 성취하고자 하는 일이 어떤 시험에 우리 반 학생들 전원을 통과시키는 일이라고 해보세. 쉽지는 않지만 그렇다고 불가능한 일도 아니지. 전원을 통과시키지 못하면 어떻게 되겠나? 그렇다고 어떻게 되지는 않는다네. 그저 내가 실망감을 느낄 뿐이지. 내가 시험에 떨어진 것처럼 학생들보다 더 낙담할 걸세. 그러니까 첫번째 리스트에는 내가 바라는 일, 즉 전원을 통과시키겠다는 목표를 적고, 두번째 리스트에는 그것을 달성하지 못했을 때 일어날 일을, 그리고 세번째 리스트에는 그 반대의 경우, 즉 그것을 달성했을 때 일어날 일을 적는 거라네. 이런 시나리오를 짜놓으면 자부심과 만족감을 느낄 수 있다네. 비즈니스 세계는 좀 다르겠지. 목표를 달성하면 커미션이 오르니까 돈을 더 많이 벌 수 있다는 점에서 말이야. 그리고 목표를 달성하지 못하면 해고를 당할 수도 있겠지.

그렇다면 왜 이런 일을 하겠나? 내 입으로 부정적인 생각에 빠지지 말라고 해놓고 이제 와서 최악의 결과 리스트를 만들라니 어불성설 아닌가? 설명을 들어보게. 나는 사람들이 언제나 실제보다 일을 더 악화시킨다고 생각한다네. 자네 역시 일이 잘 안 풀릴 때면 몹시 괴로워할 걸세. 하지만 최악의 결과를 적어보면 그 괴로움이 훨씬 작아진다네. 대체 왜 그런 걱정을 했을까 싶을 정도로 아주 작게 느껴지지. 또 긍정적인 결과 리스트는 자극제 역할을 한다네. 사람은 누구나 기분이 좋아지길, 그리고 보상과 인정을 받길 바란다네. 대개의 경우 최고의 시나리오가 주는 긍정적인 영향은 최악의 시나리오가 주는 부정적인 영향보다 훨씬 크다는 걸 알게 될 걸세. 그러니까 이런 작업을 통해서 멀리서 전체를 바라볼 수 있다는 것이지. 에릭, 자넨 지금껏 한 번도 상황을 멀리서 바라본 적이 없다네.

회사에서 문제가 생길 때마다 세 개의 리스트를 작성해 보게. 자네가 성취하고자 하는 것, 가능한 최악의 결과, 그리고 최상의 결과. 그건 목표를 설정하는 것과도 같다네. 거기에 보상이나 대가가 추가되는 셈이지.

에릭, 이건 일에만 국한되는 게 아니야. 인생의 다른 부분에도 적용할 수 있다네. 그걸 통해 비전이 얼마나 뚜렷해지는지, 아마 깜짝 놀랄 걸세.

내일 다시 편지하겠네. 다음 편지를 읽기 전에 이걸 반드시 실행해야 한다는 점을 명심하게.

부디 행운을 비네.

—프랭클린 B. 네빈

에릭은 이 편지를 몇 번이나 반복해서 읽었다. 그런 다음 가운을 걸치고 펜과 종이를 찾아들고 식탁에 앉았다.

그는 첫 장에 '내가 원하는 것'이라는 제목을 써놓고는 5분 동안 그 글자들을 응시하고 있었다. 그러다가 마침내 "판매 실적을 원상복귀시킨다."라고 적어넣었다. 하지만 이건 뭔가 부족한 것 같았다. 그는 줄을 죽 그어 그것을 지우고 다시 "판매 실적을 10퍼센트 올린다."라고 적고는 약 10분에 걸쳐 그 밖의 다른 것들을 생각해 보았다. 그리고 마침내 30분 후에 다음과 같은 작은 목록을 완성했다.

- 판매 실적을 10퍼센트 올린다.
- 로치엘을 능가하는 새로운 거래처를 뚫는다.
- 사내 최고의 세일즈맨이 된다.
- 나 자신과 다른 사람들에게 동기를 부여하고 자극을 준다.

- 가족들과 의미 있는 시간을 보낸다.
- 제니에게 정말 사랑한다고 말한다.

그는 이 리스트를 소리내어 읽어본 다음 마지막으로 한 줄을 더 추가했다.

- 훌륭한 세일즈맨이 된다.

그는 미소를 짓고는 주방으로 가서 차를 끓였다. 그러고는 다시 식탁으로 돌아와서 최악의 결과 리스트를 작성하기 시작했다.

이론적으로만 보면 판매 실적을 높이지 못할 경우 회사에서 쫓겨날 수도 있다. 에릭은 잠시 그 점에 관해 곰곰이 생각해 보았다. 실제로 그럴 가능성은 별로 없었지만 그렇게 된다고 해도 세상이 끝나는 건 아니다. 다른 직장을 구할 수 있을 테니 말이다.

로치엘을 능가하는 새로운 거래처를 뚫지 못한다고

해서 그에게 바로 불이익이 돌아오지는 않는다. 하지만 자존심이 상할 것이다. 사내 최고의 세일즈맨이 못 되어도 마찬가지 결과가 돌아올 것이다.

자신과 다른 사람들에게 동기를 부여하고 자극을 주는 것은 매우 중요한 일이다. 그리고 지금까지 그가 익숙하게 해온 일이기도 하다. 실적이 떨어지는 이유는 다만 지금 현재 고무된 상태를 유지하기가 힘들기 때문이었다. 하지만 이대로 궤도를 바꾸지 않으면 실적이 계속 떨어질 것이고 결국 회사에서 쫓겨나고 말 것이다.

가족들과 의미 있는 시간을 보내지 못하면, 혹은 가족 모두에게 정말 사랑한다고 말하지 못하면 결국 그들도 잃고 말 것이다.

'훌륭한 세일즈맨이 된다.' 사실, 이것을 달성하지 못한다고 해서 그의 삶이 지금까지와 크게 달라지지는 않을 것이다. 하지만 10년이나 20년 후에 어린 시절의 꿈을 성취하지 못했다는 것을 깨달으면 과연 어떤 생각이 들겠는가?

마침내 에릭은 네빈이 왜 이런 리스트를 작성하라고 했는지 알 것 같았다.

긍정적인 결과 리스트를 작성하는 일은 훨씬 쉬웠다. 하지만 긍정적인 결과들은 너무 좋아서 오히려 비현실적으로 느껴졌다. 실적을 10퍼센트 올리면 일 자체를 즐길 수 있을 것이다. 로치엘을 능가하는 새로운 거래처를 뚫으면 꽤 많은 액수의 크리스마스 보너스를 받을 수 있고, 그 밖에도 많은 혜택이 돌아올 것이다. 사내 최고의 세일즈맨이 되면 급여나 승진 기회, 다른 회사에서의 스카우트 제의 등이 지금보다 훨씬 많아질 것이다. 자신과 다른 사람들에게 동기를 부여하고 자극을 주면 판매 실적이 올라갈 것이다. 이것과 더불어 로치엘과 재계약을 맺고 그보다 훨씬 큰 규모의 새로운 거래처도 찾는다면 브레이저사는 업계 최대의 업체로 도약할 것이다.

가정과 가족에 관한 결과 역시 쉽게 상상할 수 있었다. 에릭은 이 목표들을 모두 달성했을 때 얼마나 멋진 인생이 될지 적어 내려가며 미소를 지었다.

그러다가 마지막 목표에 이르러 잠시 손을 멈췄다.
"훌륭한 세일즈맨이 된다."
"아버지처럼."
그는 소리내어 중얼거렸다.
이 목표를 성취하면 인생이 어떻게 달라지겠는가? 일생의 꿈을 이루는 셈이지만 과연 그게 현실적인 일인가? 지금 당장 그것을 실현할 수 있겠는가?
한참을 생각한 후 그는 한마디를 적어넣었다.
'행복.'

"멀리서 전체를 바라보라."

"긍정적인 생각에 초점을 맞추라."

4 몸과 영혼의 소리

"진심으로 원하면 반드시 이루어진다"

그 후르 며칠 동안 힘든 나날이 계속되었고, 금요일 정기 영업 회의는 완전히 엉망이었다. 샘 밀리건은 곧 회사를 그만둔다는 이유로 회의에 나타나지도 않았다.

윌버는 애써 감정을 숨기고 있었지만 몹시 화가 난 듯했다. 샘에게 그가 맡았던 구역과 핵심 고객들에 관해서 몇 가지 물어보려고 했던 것이다. 던컨도 로치엘과의 거래를 날린 것이 몹시 화가 나고 창피해서였는지 매우 비협조적인 태도를 보였다. 중간에는 벨로스 사장까지 들어와서 모두에게 반드시 매출을 회복시키리라 믿는다고 말하고는 다시 방을 나갔다.

그리고 나자 직원들을 고무시키기가 매우 힘들었다.

윌버는 짧게 회의를 끝마치고는 직원 한 명 한 명과 개인적으로 몇 마디씩 얘기를 나누었다. 직원들이 이처럼 일대일로 주목받는 것을 좋아하는 것 같았고, 윌버는 앞으로 정기적으로 이런 시간을 갖겠다고 말했다.

윌버는 샘의 후임자로 네 사람을 더 면접했지만 적임자를 찾을 수가 없었다. 에이브릴은 버니 케빈에게 전화를 걸어 2차 면접을 하러 오라고 전했다. 그녀는 또한 버니가 이전에 다닌 회사 사장과 통화를 해보고 그가 일을 매우 잘 했지만 이직을 원했다는 사실을 알아냈다. 그쪽에서는 버니가 퇴사한 것을 몹시 아쉬워하고 있었다.

이번에 버니는 캐주얼 차림으로 면접을 하러 왔다. 윌버가 그에게 이전 직장이 어땠느냐고 묻자 그가 대답했다.

"일은 재미있었습니다. 하지만 제가 정말 하고 싶은 일은 아니었습니다. 업무의 대부분이 전화 영업이었는데, 전 현장에 직접 나가고 싶었거든요. 그런데 그럴 만한 기회가 없었습니다. 그래서 그만뒀습니다."

"보통은 다른 일자리를 먼저 구한 후에 회사를 그만두는데 왜 먼저 퇴직을 했습니까?"

버니가 웃으며 말했다.

"전 실직 기간을 일종의 휴가로 생각하기로 했습니다. 그러면 일자리를 구하는 데 시간이 좀 걸려도 불안할 게 없습니다. 그리고 그렇게 해야 저한테 꼭 맞는 일을 찾는 데 시간을 전부 투자할 수 있습니다."

"그럼 여기는 꼭 맞는 자리라고 생각합니까?"

버니는 싱긋 웃으며 힘차게 고개를 끄덕였다.

"제가 정말 원했던 일입니다. 회사를 위해 최선을 다하겠습니다."

윌버는 버니를 100퍼센트 신뢰할 수는 없었지만 3개월 수습 기간을 두고 지켜보기로 했다. 버니는 월요일부터 일을 시작하기로 했다.

에릭은 하루도 빼놓지 않고 네빈의 편지를 몇 번씩 읽으면서 몇 시간이고 자신이 작성한 세 개의 리스트를 훑어보았다. 그리고 금요일 오전, 처가로 제니와 아이들을 찾아가서 깜짝 놀래주기로 결심했다.

일이 끝나고 집에 도착했을 때 우편함 안에는 우편물 몇 개와 네빈의 편지 한 통이 들어 있었다.

에릭에게

자네의 인생과 그것이 나아갈 방향을 생각해 봤길 바라네. 오늘은 자네의 내면에 관해 얘기해 보겠네. 겉으로 보이는 삶은 내면을 반영하는 법이지. '진심으로 원하면 반드시 이루어진다'는 말은 들어봤겠지? 자네의 마음과 영혼에 관해 얘길 해보세. 열정은 어디에서 나온다고 생각하나, 에릭? 바로 자네의 마음과 영혼에서 나오는 것이라네. 고리타분한 얘기라고 생각하는 사람들도 있겠지만 자네가 열망하는 것을 모두 성취하기 위해서는 반드시 이것을 숙지하고 있어야 한다네.

리스트 세 개는 다 작성했나? 그렇다면 그것을 갖고 해봐야 할 일이 있다네. '성취하고자 하는 일' 리스트를 갖고 와서 첫 항목을 소리내어 읽어보게. 그리고 잠시 기다렸다가 자네 몸에서 어떤 반응이 오는지 느껴보게. 가슴에서, 등에서, 두 어깨에서, 배에서, 그 어디에서든 느껴지는 게 있을 게야. 그 느낌들이 무엇을 말하는지 귀 기울여보게. 그런 다음 그 느낌을 지우고 다음 항목들을 차례대로 반복해 보게.

어떤 항목을 읽을 때 기분이 좋아지나? 그 항목을 읽을 때 가슴속에서 빛이 '번쩍' 하고 켜지는 느낌이 들었을지도 모르겠네. 혹은 등이 꼿꼿해지면서 성공의 길에 놓인 장애물을 모두 극복할 수 있을 듯한 느낌이 들 수도 있다네.

그런가 하면 긴장되거나 초조해지거나 두려워지거나 불안해지는 항목들도 있을 게야. 이런 항목들을 읽을 때면 스트레스가 가중되지. 그런 것들은 주의 깊게 살펴보고 자네가 정말 성취하고 싶은 일인지 다시 한 번 생각해 보게. 물론 충분히 단호한 의지만 지녔다면 불가능한 일은 아니라네. 하지만 먼저 그것에 대한 태도부터 바꿔야 할 게야. 그렇지 않으면 그것들이 자네의 열정과 동기를 완전히 소진시킬 테니 말일세.

누구나 진정으로 원하는 일은 잘 해내는 법이지. 그런 일들은 쉽고 재미있거든. 그래서 동기와 활력과 열정을 지닐 수 있는 거라네. 하지만 누구에게든 그것 외에도 꼭 해야 할 일들이 있지. 자넨 어떤지 모르겠군, 에릭. 그런 일들을 가장 나중으로 미뤄놓는 편인가? 그렇다면 그건 어쨌든 하기 어렵고 진심으로 원하는 일이 아니기 때문이라네.

자네 리스트에도 틀림없이 이런 항목들이 있을 걸세. 그것들 가운데 하나를 골라서 혼자 오랫동안 산책을 하면서 왜 굳이 그것을 성취하려 하는지 생각해 보게. 그것을 이뤘을 때 어떤 대가가 돌아올지도 함께 숙고해 보게. 그 대가도 이미 또 다른 리스트에 적어놓았겠지. 그걸 이루지 못하면 어떻게 될지도 생각해 보고, 그 목표, 혹은 그 계획에 관해 태도를 바꿀 수 있는지 알아보게. 그런 다음 집에 돌아와서 그 목표를 다시 한번 생각하면서 몸의 반응이 이전과 어떻게 달라졌는지 살펴보게. 괜찮은 느낌이 들면 한번 해보게. 달성해 보란 말이네. 하지만 여전히 중압감과 불편한 느낌이 들면 좀더 생각해 봐야 한다네. 운전을 하면서, 혹은 어디든 조용한 곳에 앉아서 곰곰이 생각해 보게. 원한다면 그것에 관해 계획을 세우는 것도 나쁘지 않지. 하지만 한 가지 명심할 게 있어. 처음에 몸에서 편안하게 느껴지지 않았던 일을 달성하려면 수많은 어려움을 각오해야 한다네.

지금까지는 몸과 정신의 관련성에 대해 얘기했다네. 이 둘은 자네가 상상하는 것보다 훨씬 밀접하게 연결되어 있지. 수년 전에 나는 가계수표를 부도낸 것 때문에 은행 지점장을 만나야 했다네. 그때 은행측에서는 나에게 가계수표 사용을 일정 기간 중단시키겠다고 하더군. 결국 그 지점장은 초과 사용 금액을 갚을 수 있다는 나의 설득에 수표 사용을 허락했고, 나는 긍정적이고 자신감 넘치는 느낌을 갖고 은행을 나섰지. 그런데 두어 시간이 지나니까 허리에 고질적인 통증이 도지더군. 내 허리의 통증은 주로 돈과 관련이 있을 때 생기지. 은행 지점장이 바라는 대로 내가 문제 없이 갚을 수 있다는 걸 알고 있었음에도 불구하고 내 몸은

'너무 무리하는 게 아니냐'는 반응을 보인 거지. 자네도 항상 자네 몸에 귀를 기울여야 하네.

그리고 몸에 귀를 기울이는 한편 영혼에도 귀를 기울이게. 자네 마음에, 자네 직관에 귀를 기울이란 말일세. 그러면 자네의 내부적인 힘에 장단을 맞출 수 있을 거라네. 자네의 잠재력이 무한하다는 걸 깨달을 수 있지. 그건 곧 한계가 없다는 말이기도 하다네.

사랑에 초점을 맞추게. 물론 다른 사람들을 향한 사랑 말일세. 하지만 자네의 일을 사랑하고 있는지도 말해 보게. 자네의 일을 열정적으로 사랑하는가? 만약 오늘 당장 금전적으로 충분히 자립할 수 있게 된다고 해도 지금 그 일을 계속 하겠나? 자네가 내일 죽는다면 일생 동안 성취한 것에 만족할 수 있겠나?

내가 늙어서 점점 이상한 소리만 늘어놓는다고 생각하겠지. 하지만 그건 아니라네. 수년 전 나는 우리 학교의 다른 선생님들을 상대로 확인해 봤다네. 자네가 학교를 다니던 때인지는 잘 기억이 안 나는군. 어쨌든 그건 중요한 게 아니지. 그들 가운데 대부분은 가르치는 일에 흥미를 잃었더군. 기쁨과 열정, 사랑이 전부 사라져버렸다네. 그렇다면 그때쯤 좀더 만족할 수 있는 다른 일을 찾아야 했지. 하지만 단 한 명도 그러지 못했다네. 두려움이 그들을 잡아두고 있었을 게야. 그들은 찌그러진 반쪽짜리 인생을 살고 있었던 셈이지. 그건 그들에게도, 그들이 가르치는 학생들에게도 괴로운 일이었다네. 반쪽짜리 인생을 살아서는 안 되네, 에릭. 자네가 열정을 찾도록 돕겠네. 열정을 찾고 나면 자넨 다시 일을 하게 되지 않을 걸세. 물론 극도로 열심히 일을 하겠지. 하지만 내 말은 그걸 일로 여기지 않을 거란 말이네. 그리고 수백만 달러가 생겨도 지금 하는 일을 그만두지 않을 게야. 그건 자네 열정이자 목표이자 존재 이유니 말일세.

    꼭 실행해 보길 바라네, 에릭.

    잘 있게.

—프랭클린 B.

제니의 부모님은 긴 계곡을 끼고 굽이져 있는 흙길 끝의 작은 농장에 살고 있었다. 에릭이 도착한 시각은 열 시 삼십분. 그는 심호흡을 하고 어깨를 돌려 네 시간 동안 운전을 하면서 쌓인 긴장을 풀었다.

차 문을 여는 순간 마음이 홀가분해지면서 안에서 아이들이 즐겁게 떠드는 소리가 들렸다. 에릭은 아이들이 아직 잠들지 않은 것을 확인하자 들뜨기 시작했다. 그의 장인이 키우는 콜리종(Collie. 스코틀랜드 원산의 양 지키는 개-옮긴이) 셰프가 짖기 시작하자 집 앞 옥외등에 불이 켜졌다.

"아빠다!"

제이슨이 외치는 소리가 들렸다.

자동차 뒷좌석에 있는 짐을 꺼내기도 전에 제이슨과 매튜가 달려나와 품에 안겼다. 두 아이 모두 아빠를 보고는 몹시 기뻐하며 한꺼번에 질문을 퍼부었다. 이윽고 제니가 달려나와서 가족들이 모두 함께 서로를 끌어안았다.

"깜짝 놀랐어요."

제니가 에릭과 아이들을 데리고 들어가며 말했다.

"한 시간 전쯤에 전화했었는데 자동응답기가 작동하더라구요. 그래서 동료들하고 밖에서 어울리는 줄 알았죠."

에릭은 커다란 농가의 주방을 둘러보았다.

"그보다는 훨씬 더 여기 오고 싶었지."

그러고는 제니와 아이들을 향해 싱긋 웃으며 덧붙였다.

"훨씬 더 많이……."

제니의 부모님이 들어왔고, 장모 엘렌은 다 함께 먹을 야식을 준비하겠다고 했다. 에릭은 지난 몇 달간 맛보지 못한 행복감을 느끼면서 커다란 나무 식탁에 앉아 아이들이 핫케이크 먹는 모습을 지켜보았다. 그러고는 한 팔로 제니를 감싸안으며 미소를 지었다.

"정말 멋진 일이군."

에릭이 말했다.

"사랑하는 사람들과 이런 한적한 시골에 와 있다

니……. 불과 몇 시간 전만 해도 갑갑한 도시에 있었는데. 믿어지지가 않아."

"주말은 여기서 보내게."

장인 잭이 말했다.

"나하고 같이 울타리를 쳐보세. 신선한 시골 공기를 잔뜩 맛보게 해주지."

에릭은 벌써 휴가를 즐기고 난 듯한 기분이었다. 곧이어 그는 제니와 함께 손님용 방의 커다란 네 기둥 침대에 누워 제니를 꼭 끌어안고는 부드럽게 키스를 건넸다.

"하고 싶은 말이 있어."

그가 말했다. 제니 머리카락에서 상쾌한 냄새가 풍겼다.

"해봐요."

제니가 대꾸했다.

"당신과 아이들을 얼마나 사랑하는지 말해 주고 싶어. 내겐 당신하고 아이들뿐이야. 세 사람이 없으면 절대 못 산다구."

제니는 에릭의 품을 벗어나 그를 가까이서 쳐다보며 말했다.
"무슨 일 있어요? 왜 갑자기 그런 얘길……?"
"음, 그냥……. 내내 당신과 아이들이 보고 싶었거든. 그래서 그런 생각을 해본 것 같아. 세 사람이 없는 곳은 내 집이 아니야. 돌아가서 또 당신과 아이들을 기다리는 건 도저히 못 하겠어."
그는 몸을 앞으로 숙이고 제니의 뺨을 부드럽게 어루만졌다.
"좀 더 자주 떠나 있어야겠네."
제니는 양 팔을 에릭에게 두르고 그를 꼭 껴안았다.
"나도 정말 사랑해요."
"당신, 생각할 게 있다고 여기 온 거잖아. 우리 문제는 생각해 봤어?"
"그건 당신이 평소 같지 않아서 그런 거예요. 최근에 몹시 혼란스러워했잖아요, 에릭. 그 때문에 집안에 긴장이 감돌고 아이들까지 알아챘다니까요. 그래서 휴식이 필요했던 거예요. 하지만 다음 주에는 돌아가도 괜찮을 것 같아요."

제니는 에릭의 코에 입을 맞추었다.

"당신이 와줘서 정말 좋아요."

다음 날 아침 에릭이 잠에서 깼을 때 집안은 조용했다. 시계를 보니 아홉시 오십분이었다. 지난 몇 년 동안 이렇게 늦게까지 자본 건 처음이었다.

그는 샤워를 한 뒤 옷을 챙겨입고 아래층으로 내려갔다. 식탁에는 그의 아침 식사와 근처 백화점에 다녀오겠다는 제니의 메모가 놓여 있었다.

그가 식사를 마치고 설거지를 하고 있을 때 가족들이 돌아왔다. 아이들은 엘렌이 사준 축구공을 들고 달려들어왔다.

"아빠, 나오세요."

제이슨이 말했다.

"잔디밭에서 같이 축구해요."

에릭은 밝게 웃으면서 아이들과 밖으로 나가 2 대 1로 축구 시합을 했다. 조금 있으니 엘렌이 점심을 먹으라고 불렀다. 에릭은 시간이 이렇게 빨리 갔다는 걸 믿을 수가 없었다.

"점심 먹고 또 하실 수 있죠, 아빠?"

매튜가 물었다.

에릭은 아이의 머리를 쓰다듬었다.

"물론이지."

잭이 식당에 들어와서 아침에 울타리 치는 것도 안 돕고 늦잠을 잤다며 농담삼아 핀잔을 주었다. 점심을 먹은 뒤 잭은 에릭이 아이들과 공차기하는 모습을 지켜보다가 강으로 수영을 하러 가자고 제안했다

그날 밤 침대에서 에릭이 말했다.

"내 몸이 내게 말을 하고 있어."

그는 어리둥절해하는 제니의 얼굴을 보며 미소를 지었다.

"어깨가 뻣뻣하게 굳어 있었는데 이저 완전히 풀렸

어. 피곤하긴 해도 기분은 정말 좋은데. 수년 동안 이렇게 기분 좋았던 적은 처음이야."

"농장에 좀더 자주 와야겠어요."

에릭은 고개를 끄덕였다.

"정말 그래야겠어. 당신하고 얘기도 나눌 수 있고 아이들하고도 이렇게 놀 수 있잖아. 정말 멋진 하루였어."

제니가 그에게 바싹 몸을 붙이면서 말했다.

"아직 안 끝났는걸요."

"당신의 몸에 귀를 기울여라."

"당신의 잠재력은 무한하다."

5_배움

"사람들에게는
 삶에서
  얻어야 할
   교훈이 있다"

에릭은 일요일 밤 열시가 조금 넘어서 집에 도착했다. 피곤하긴 했지만 그의 목표가 몸에서 어떻게 느껴지는지 알아보라는 네빈의 제안을 실행해 보기로 했다.

네빈의 편지들을 다시 읽기 시작하자 섬뜩한 느낌이 밀려들었다. 마치 네빈이 자기와 함께 방 안에 있는 것 같았다. 하지만 그는 곧 말도 안 되는 생각이라며 미소를 짓고는 첫번째 목표를 소리내어 읽었다.

"판매 실적을 10퍼센트 올린다."

그러고는 몸의 얘기를 들어보기 위해 잠시 동안 꼼짝 않고 기다렸다. 한동안 아무런 반응이 없는 듯했으나 다음 순간 어깨가 점점 조여오는 느낌이 들었다. 그는 몇 번 어깨를 돌리고는 다음 목표를 큰 소리로 읽었다.

"로치엘을 능가하는 새로운 거래처를 뚫는다."

그러고는 반응을 기대하며 잠시 그대로 멈춰 있었다. 뚜렷한 반응은 나타나지 않았지만 이윽고 고요한 쾌감이 그의 몸을 타고 흐르는 느낌이 들었다. 순간적으로 에릭은 또 다른 질문을 던져보았다.

"버니 네빈을 채용한 게 잘한 일인가?"

갑자기 두 어깨에서부터 긴장감이 올라왔다. 왜 지금까지 이런 것들을 한 번도 알아채지 못한 것일까?

"사내 최고의 세일즈맨이 된다."

이번에는 복부에서 불안감이 밀려들었다.

"정말 해낼 수 있겠는가?"

그러자 그 불안감은 서서히 흥분으로 변해갔다.

"과연 내가 사내 최고의 세일즈맨이 되겠는가?"

틀림없이 아드레날린이 온몸에 퍼지고 있었다.

"나 자신과 다른 사람들에게 동기를 부여하고 자극을 준다."

아무런 반응도 느껴지지 않았다.

"나 자신과 다른 사람들에게 동기를 부여하고 자극을 준다."

그는 다시 한 번 소리내어 말했다. 이번에도 아무런 반응이 나타나지 않았다. 그러다가 갑자기 아드레날린이 퍼지는 느낌이 들자, 에릭은 기뻐하며 웃음을 터뜨렸다.

"가족들과 의미 있는 시간을 보낸다."

기다릴 틈도 없이 반응이 나타났다. 갑자기 온기가 느껴지더니 가슴속에 활력이 밀려들었다. 실제로 흉부 안쪽이 팽창되는 느낌이었다.

"제니에게 정말 사랑한다고 말한다."

이 목표는 이미 실행에 옮겼다. 흉부에는 따뜻한 빛이 아직 남아 있었지만 목이 죄어오는 느낌이 들었다. 그러다가 한순간 그 압박이 풀어지면서 목에 온기가 느껴졌고 곧이어 온몸 구석구석에 퍼졌다.

"감사합니다, 네빈 선생님."

에릭은 소리내어 말했다.

"선생님께서 주신 도움은 선생님이 생각하는 것보다 훨씬 크답니다."

다음 날 아침 에릭은 알 수 없는 곡조로 콧노래를 흥얼거리면서 영업부로 향했다. 에이브릴이 이상하다는 듯이 그를 쳐다보았지만 이유를 묻지는 않았다.

몇 분 뒤 버니 네빈이 여느 때처럼 편안한 모습으로 사무실에 들어섰다.

"안녕하세요?"

그는 쾌활하게 인사를 건네고는 물었다.

"뭐부터 시작할까요?"

윌버는 에이브릴에게 그를 데리고 회사를 돌면서 전 직원에게 인사를 시키라고 지시했다. 이들이 회사를 한 바퀴 돌고 돌아왔을 때 사무실에는 샘 밀리건이 와 있었다.

샘은 자신의 데이터베이스를 열고 버니에게 각 거래처별 현황을 설명해 주었다. 윌버가 샘의 뒤에 서서 가끔씩 그들의 대화에 끼어들었고, 버니는 빠르게 메모를 해 가며 간혹 질문을 던지곤 했다. 에릭은 자리에서 일을 하면서 버니가 주로 보다 많은 거래를 확보하려는 데 초점을 맞춰 질문하는 것을 들으며 흐뭇한 기분이 들었다.

샘이 설명을 마치자 윌버가 말했다.

"로치엘에 버금가는 거래처를 찾아야 하네. 여기 있

는 업체들 중에도 잠재 고객이 있긴 하지만 로치엘을 대신할 만한 곳은 없는 것 같군. 이 구역에서 뚫어볼 만한 다른 업체가 있나?"

샘은 고개를 끄덕였다.

"있습니다. 이건 제 고객 리스트이고, 잠재 고객 파일이 하나 더 있습니다."

키보드를 몇 번 두드리자 모니터에 또 다른 파일이 나타났다.

"계약을 시도했다가 실패한 곳들입니다. 여기 이 칸은 연락을 취한 횟수구요."

파일에는 스물두 개의 업체명이 있었다. 버니는 이 두 개의 리스트를 전부 출력해 달라고 부탁했다.

버니는 샘의 자리 옆에 작은 간이 책상을 놓고 앉아 출력한 리스트들을 한 시간 동안 꼼꼼히 살펴보고는 에이브릴에게 그 지역의 업종별 전화번호부를 달라고 해서 리스트 몇 개를 더 만들었다. 그리고 점심 시간이 지나자 인터넷을 사용하겠다고 했다.

"틀림없이 잠재 고객들이 훨씬 많을 겁니다. 최대한 다운을 받아서 내일부터 직접 만나보겠습니다."

윌버는 이렇게 열성을 보이는 그를 보며 몹시 흡족해하는 것 같았다. 하지만 우선 일주일 정도는 사무실에서 회사 제품에 관해 배우는 게 좋겠다고 제안했다.

버니는 고개를 저으며 말했다.

"집에 가서 제품에 관한 자료를 읽어보겠습니다. 어쨌든 당장 새로운 주거래처가 필요하신 것 같으니 내일부터 시작해 보겠습니다."

에릭은 그의 열정이 언제까지 지속될지 궁금해졌.

윌버는 전혀 걱정하지 않는 것 같았다. 그는 에릭에게 버니가 일을 시작하는 것을 도울 수 있느냐고 물었다.

"하루나 이틀이면 될 걸세. 마침 가족들도 휴가를 떠나 있으니 좀 도와주게."

그는 간청하는 듯한 눈빛으로 말했다.

"알겠습니다. 버니, 내일 나하고 같이 방문을 몇 번 해봅시다. 필요하다면 내가 제품 설명을 해주면 되니까

별 무리는 없을 것 같군."

에릭이 말했다. 그는 자신의 손목시계를 들여다보았다.

"아직 시간이 좀 있으니까 약속을 잡아보지."

에릭에게

자네가 내 제안을 실천하고 있다고 생각하니 몹시 흥분되는군. 그걸 통해 뭔가 변화가 있길 바라네. 이제 바람직한 태도가 얼마나 중요한지 잘 알았겠지? 그걸 모르면 실패할 수밖에 없다네. 바람직한 태도와 가치 있는 목표, 그리고 어느 정도의 추진력과 끈기가 있다면 무한히 전진할 수 있다네. 아이들에게도 좋은 본보기가 될 수 있지. 매일같이 자네 마음에 귀를 기울이면 실패하는 일은 없을 걸세. 자네 안에서 자그맣게 들려오는 조용한 목소리에 귀를 기울이게. 그 목소리는 모든 걸 알고 있다네. 자네가 알아야 할 것들을 알려줄 게야. 정말이네, 에릭. 자네의 영혼은 모든 걸 알고 있어. 그러니 영혼의 지배를 받게, 에릭. 이 세상에는 자아의 지배를 받는 사람들이 너무도 많지. 자네도 그런 사람들을 여러 번 만나봤겠지.

자아의 지배를 받는 사람들, 즉 자의식이 강한 사람들은 자부심이 약할 수밖에 없다네. 물론 대단하고 중요하고 힘 있는 사람처럼 보일 수는 있지만 그들의 내면은 정말 보잘것없다네. 그런 사람들은 다른 이들로부터 인정을 받고 싶어하거든. 그러니 그게 없으면 힘없이 무너져서 실패할 수밖에 없는 거지.

자네 힘의 원천은 뭔가, 에릭? 돈인가? 권력인가? 재산인가? 자의식은 누구에게나 있지. 하지만 그것이 지닌 욕구는 그 사람의 전진을 막을 수도 있다네. 그러니 자의식에 지나치게 의존하지 말고 영혼의 목소리에 귀를 기울이게. 영혼은 모든 걸 알고 있으니 그걸 힘의 원천으로 삼게. 그러면 자넨 한 달 만에 다른 사람들이 평생 성취하는 것코다 훨씬 많은 것들을 이룰 수 있다네.

뭔가를 할 때는 단지 '그것을 사랑하니까' 할 수 있도록 만들게. 그것이 부를 가져다준다는 이유로, 혹은 자부심을 키워준다는 이유로 뭔가를 해서는 안 되네. 내 말을 명심하게. '열정을 찾으면 다신 일을 하게 되지 않을 것'이라는 얘기 말이야.

자네 마인드에 관해 얘기해 보세. 에릭, 자넨 훌륭한 마인드를 지녔다네. 난 지금도 생생히 기억하지. 그렇다면 그 마인드는 어디에 있겠나? 머릿속에? 뇌 어딘가에? 자네의 커다란 발가락에? 물론 여기에는 정답이 없다네. 어쩌면 자네 몸 속에 존재하지 않을 수도 있지. 그렇다면 자네의 '마인드'는 독립적으로 존재하는 것일까? 아니면 보다 큰 무엇, 그러니까 자네의 영혼 쯤 되는 보편적인 마인드의 일부로서 존재하는 것일까?

영혼은 불멸이라네. 자네의 영혼은 자네가 태어나

기 전에도 존재했고 지금 자네가 기거하고 있는 육신이 죽고 난 후에도 영원히 존재하지. 불멸한다는 건 대체 어떤 느낌일까?

에릭, 이 세상에서 얻어야 하는 교훈이 있다네. 중요한 교훈들이지. 그래서 난 그것들을 이번 생에 배우지 못하면 완전히 배울 때까지 몇 번이고 환생하는 거라고 믿고 있다네.

자네가 배워야 할 건 무엇인가? 뭐든 다 배워야겠지. 하지만 열정을 되찾고, 그것을 갖고 전진함으로써 자네가 가능하다고 믿었던 것보다 훨씬 더 멀리 나아간다면 이번 생에서 엄청난 진보를 달성하는 셈이라네.

자네가 과연 훌륭한 세일즈맨인지 몸에게 물어보고 그 대답에 귀를 기울이게.

또 편지하겠네.

―프랭클린

어떻게 알았을까? 에릭은 의아한 생각이 들었다. 리스트에 있는 항목들 가운데 "훌륭한 세일즈맨이 된다."는 항목만 아직 물어보지 못했다는 것을 말이다.

에릭은 심호흡을 몇 번 하고는 눈을 감고 소리 내어 물었다.

"내가 훌륭한 세일즈맨이 될 수 있을까?"

몇 초가 지나자 그의 몸이 반응하기 시작했다. 그것은 명치에서부터 강력하게 밀려나와 가슴으로 퍼진 다음 머리로 전달되었다. 에릭은 약 30초 동안 그대로 있다가 그 느낌을 떨쳐냈다.

"정말일까?"

그는 마치 낯선 곳에 있는 사람처럼 방을 두리번거리며 소리내어 말했다.

"그래, 난 할 수 있어. 훌륭한 세일즈맨이 될 수 있다구!"

다음 날 아침 에릭은 일곱시 삼십분에 버니를 태우고

두어 시간 차를 몰아 샘의 구역으로 향했다. 차가 많이 밀렸지만 다행히 첫 약속 장소에 늦지 않게 도착할 수 있었다. 에릭은 버니와 그날 하루를 함께 보내면서 그가 자연스럽고 편안하게 사람들을 다루는 모습에 감동을 받았다. 영업 자료도 열심히 공부한 것 같았고, 방문하는 고객들 모두에게 추가 구매를 제안하기도 했다.

네시 삼십분에 마지막 방문을 마친 후 에릭은 이 신참 세일즈맨을 시험해 보기로 했다.

"돌아가기 전에 콜드콜(cold call, 세일즈를 위해 낯선 사람에게 처음 전화를 걸거나 방문하는 것-옮긴이)을 한번 해볼까?"

그러자 버니는 싱긋 웃으며 대꾸했다.

"좋은 생각이에요, 선배님. 어딜 방문할까요?"

두 사람은 버니가 전날 작성한 잠재 고객 리스트에서 한 업체를 선택했다. 하지만 안타깝게도 이들이 도착했을 때에는 문이 굳게 닫혀 있었다. 버니는 며칠 후에 다시 와보겠다고 했다.

"선배님, 제가 하루나 이틀 정도 여기 머물면서 잠재 고객들을 전부 방문하면 어떨까요? 제가 그 정도로 충분히 준비가 됐다고 생각하세요?"

결국 에릭은 혼자 집으로 향했다. 아직 단정짓기는 이르지만 버니는 탁월한 세일즈맨이 될 수 있을 것 같았다. 한 가지 명심할 점은 다른 사람과 함께 있을 때는 방문하는 일이 훨씬 쉬워진다는 것이다. 그 자신도 처음 혼자 남았을 때 얼마나 막막했던가? 버니도 곧 알게 될 것이다.

에릭은 영업을 처음 시작했던 시절을 떠올리며 미소를 지었다. 당시 영업부장이었던 켈리는 지금 에릭이 버니에게 한 것과 똑같이 그를 혼자 풀어놓았다. 그러고는 에릭에게 이렇게 말했다.

"헤엄을 치든 가라앉든 그건 자네한테 달렸네."

에릭은 헤엄을 쳤다. 시간이 좀 걸리긴 했지만 그에게는 동기와 결연한 의지가 있었다. 그것은 바로 아버지처럼 훌륭한 세일즈맨이 되겠다는 것이었다.

하지만 결국 그를 어느 정도 성공으로 이끌어준 것은 아버지의 가르침이 아니었다. 오히려 어느 날 켈리가 무심코 던져준 몇 마디 말이었다.

"매일 일을 마치고 퇴근하는 길에 나는 꼭 한 번씩 방문을 더 한다네. 그렇게 하면 1년에 250명의 잠재 고객이 더 생기는 셈이거든. 영업부장 자리까지 오게 된 것도 다 그 덕분이지."

에릭 역시 같은 방식으로 꽤 높은 실적을 올릴 수 있었다.

도로 공사 때문에 교통 체증이 점차 심해지자 에릭은 눈을 돌려 고속도로 너머에 있는 커다란 사무실 빌딩을 흘끗 쳐다보았다. 1층에 불이 켜져 있었고 누군가 책상에 앉아서 일하는 모습이 보였다.

여기가 내 구역이었다면 저 사람을 방문했을 텐데, 하고 그는 생각했다. 오늘의 마지막 방문이 되었으리라.

그는 곧 이런 생각을 지웠다고 생각했지만 어느새 자신이 고속도로 첫 출구로 빠져나와 그 건물을 향해 차를 돌리고 있음을 깨달았다. 정문은 잠겨 있었다. 하지만 다시 차에 오르려는 찰나에 아버지의 결의가 떠올랐다. 아버지라면 결코 이런 상황에 굴하지 않았을 것이다. 에릭은 용기를 내어 우리문을 두드렸다.

안에서는 아무 응답이 없었다. 에릭은 건물을 돌아 도로에서 보았던 불 켜진 사무실 쪽으로 걸어갔다. 말끔한 정장 차림의 한 남자가 책상에 앉아서 서류들을 들여다보고 있었다. 에릭이 창문을 두드리자 남자는 자리에서 벌떡 일어났다.

에릭은 자신의 명함을 들어올렸다. 남자가 있는 곳에서 명함의 글씨가 보일 리 없다는 건 너무도 뻔한 사실이었다. 하지만 에릭은 아랑곳 않고 손으로 정문을 가리키고는 다시 돌아와서 남자가 나오기를 기다렸다.

한 시간 후 다시 집으로 향하는 에릭의 얼굴에는 흡족한 미소가 떠올랐다. 켈리가 옆에 있었다면 틀림없이 그를 자랑스러워했을 것이다. 아버지도 마찬가지였으리라. 주문을 따내지는 못했지만 그 남자는 에릭의 접근 방식에 감동해서 조만간 주문을 요청할 것이다. 그의 이름은 톰 고진스키. 컴퓨터 업계에서 막 시작하는 회사를 이끌고 있었다. 반응이 꽤 좋았으니 잊지 말고 버니에게 뒤이어 주문을 받아내라고 얘기를 해야겠다고 에릭은 생각했다.

네빈에게서 온 편지도 없었고 가족들도 아직 돌아오지 않았다. 하지만 그날 저녁 침대에 누워 잠을 청하면서 에릭은 행복한 느낌이 들었다.

"나는 훌륭한 세일즈맨이다."

그가 이렇게 중얼거리자, 명치에서 똑같은 느낌이 다시 퍼져나와 머리로 올라갔다.

"나는 제니와 아이들을 사랑한다."

마음속의 빛이 감당할 수 없을 정도로 퍼져나갔다.

"나는 행복한 사람이다."

평온함과 만족감이 몸에 퍼지는 것을 느끼며 에릭은 잠에 빠져들었다.

"자의식이 아닌 영혼의 지배를 받으라."

"뭔가를 하는 이유는
'사랑하니까' 이어야 한다."

"당신이 삶에서 배워야 할 것은
무엇인가?"

6_관계

"사람들의
결점을 넘어
영혼의
아름다움을
보라"

에릭은 일곱시가 조금 지난 이른 시각에 회사에 도착했다. 하지만 놀랍게도 윌버가 먼저 와 있었다. 에릭이 사무실에 들어서자 전화벨이 울렸다.

"얘기 좀 하지."

윌버가 말했다.

평소와는 완전히 다른 느낌이었다. 에릭은 서둘러 윌버의 방으로 가서 무슨 일이냐고 물었다. 윌버는 몹시 지쳐 보였고 두 눈은 붉게 충혈되어 있었다. 그는 에릭에게 인사도 하지 않고 컴퓨터에서 출력한 문서들을 허공에 대고 흔들며 말했다.

"이거 봤나? 매출이 형편없다구."

"어제는 사무실에 못 나왔습니다. 버니를 돕느라……."

윌버는 아무 말도 하지 않고 에릭에게 문서들을 건네주었고, 에릭이 그것들을 훑어보는 동안 창 밖만 바라보고 있었다.

에릭은 리스트를 살펴본 후 입을 열었다.

"계절적인 요인 때문에 하락한 걸로 보이는군요. 몇 군데 살펴봐야 할 구역들이 있긴 있는 것 같습니다. 당장 착수하겠습니다. 하지만 로치엘 쪽 주문이 포함되어 있었으면 부장님께서 이 정도 수치로 얘기를 꺼내지는 않으셨을 것 같은데요."

월버가 돌아섰다. 그의 표정에는 좌절감이 뚜렷이 드러나 있었다.

"하지만 로치엘 주문은 포함될 수 없네. 왜냐구? 거래가 끊겼으니까 말이야. 그쪽에서는 주문을 받을 수 없단 말일세."

월버는 허공에 대고 양 손을 저으며 말을 이었다.

"지금 필요한 건 주문을 더 많이 받는 거야. 주문량을 현저하게 늘려야 한다구. 부탁이네, 에릭. 주문이 필요하다구!"

월버의 이런 모습은 처음이었다. 영업부 직원들이 생각하는 것보다 상황이 더 심각한 모양이었다. 에릭은 순간적인 충동으로 자신이 받은 편지 얘기를 털어놓고 그것들을 윌버에게 주며 읽어보라고 했다. 그러고는 이런 저런 생각을 하며 사무실로 돌아왔다.

그날은 몹시 힘들고 바쁜 하루였다. 버니는 밖에서 몇 번씩 전화를 걸어왔다. 역시 혼자서 일을 하는 건 훨씬 어려웠나 보다. 결국 에릭은 다음 주에 이틀 정도 더 시간을 내서 그를 돕기로 했다. 던컨은 로치엘과 거래가 끊긴 뒤로 자신감을 완전히 잃은 상태였고, 윌버가 나가서 방문을 하라고 지시할 때까지 꼼짝도 하지 않고 있었다.

에릭은 혼잡한 교통을 뚫고 집으로 향하면서 해야 할 일들을 생각하지 않으려 애썼다. 신호를 기다리는 동안 잠깐 브레이저사를 그만두고 스트레스가 좀 덜한 일을 찾아볼까 하는 생각이 들었지만 이내 떨쳐버렸다. 아버지는 결코 도전을 피해본 적이 없었다. 힘든 일이 생겼다고 도망치는 건 겁쟁이들이나 하는 짓이야, 하고 아버지는 말씀하셨다. 윌버도 그 편지들을 읽고 좀더 긍정적인 태도로 돌아섰으니, 이들이 전 직원들에게 동기를 부여하고 자극을 주는 방법을 찾는다면 브레이저사는 다시 전진할 것이다. 가장 큰 문제는 직원들의 태도였다.

집에 거의 다 와갈 무렵 에릭은 이 같은 확신을 소리 내어 말해 보았다. 우편함에는 낯익은 편지 봉투가 그를 기다리고 있었다.

그는 편안한 옷으로 갈아입고 맥주를 한 잔 따른 다음 네빈의 편지를 뜯었다.

에릭에게

"강한 자는 어려운 상황에서도 결코 멈추지 않는다"는 격언이 있지. 자네 역시 '강한 자'가 되길 바라네. 자네가 요즘 일이 잘 안 풀리는 것 같아서 하는 말이야. 긍정적인 것에 초점을 맞추고 부정적인 것들은 무시하게. 부정적인 사람들은 어디에나 있다네. 그런 사람들은 항상 자넬 끌어내리려 애쓰지. 인생을 살다 보면 별의별 사람들을 다 만나는 법이야. 행복한 사람,

우울한 사람, 외로운 사람, 스트레스가 심한 사람, 분노한 사람, 혼란을 겪고 있는 사람, 이성을 잃을 정도로 격노한 사람……. 하지만 에릭, 겉으로 보기엔 불안감과 분노에 가득 차 있어도 자네가 만나는 사람들은 모두 아름다운 영혼을 지녔다는 걸 명심하게. 그 사람의 결점을 넘어 그 안에 자리한 아름다움을 보게. 그렇게 할 수만 있다면 자넨 부자가 될 걸세.

    누군가의 결점을 살피면서도 그 안의 아름다움을 볼 수 있다고 상상해 보게. 자네가 그렇게 할 수 있다면 다른 사람들에게 좋은 본보기가 될 게야. 그렇게 되면 그들이 자신의 한계를 넘어 성공을 거두고 만족하는 일을 도울 수 있는 셈이지. 내가 학생들에게 해주고 싶은 게 바로 그런 거라네. 나는 내 학생들을 작은 식물로 생각한다네. 지금은 영양분과 사랑을 공급해 줘야 하지만 그렇게만 하면 언젠가 그들이 될 수 있는 최대한의 것이 되어 있는 식물 말이네. 그 식물들 가운데 단 하나라도 아름다운 꽃을 피울 수 있다면 나는 그걸로 충분히 보상받은 셈이라네.

다른 사람들에게 영양분을 공급하게, 에릭. 그들을 멸시해서는 안 되네. 그들의 결점을 넘어 내면에 존재하는 아름다운 영혼을 볼 수 있다면 자넨 지금과는 다르게 반응하게 될 게야. 내 단언하는데, 이런 일을 통해서 자넨 헤아릴 수 없는 보상을 받을 수 있다네.

내가 왜 계속 영혼 얘기만 하고 있는지 궁금하겠지, 에릭. 내 신념을 자네에게 강요하고픈 생각은 없다네. 다만 자네가 삶의 영적인 면을 지니길 바랄 뿐이지. 사람들은 누구나 신념을 가질 만한 뭔가를 필요로 한다네. 힘들 때뿐만 아니라 언제나 그렇다네. 에릭, 자네가 신념을 갖고 있지 않다면 자네에게 꼭 맞는 신념을 찾을 때까지 책을 읽고 연구하고 명상을 하면서 잘 찾아보게. 신념을 가질 만한 뭔가를 찾으면 자네 인생에 대한 목적이 생길 테니까. 그리고 신념에 관한 내 얘기를 들으면서 스스로에게 신념을 가져야 한다네.

생각해 보게, 에릭. 자넨 이런 것들이 '훌륭한 세

일즈맨'이 되는 것과 상관없는 일이라고 생각할지 모르지만 사실 그것들은 세일즈를 비롯한 모든 분야에서 성공과 밀접한 관계가 있다네. 이건 내가 생각해 낸 비결이 아니라네, 에릭. 오래 전부터 있어온 것들이지. 위인들의 생애를 살펴보면 그들 역시 이런 개념들을 이용해서 목표를 달성했음을 알게 될 게야.

지금 이 순간부터 무슨 일이 있어도 자네는 자네 주위에서, 그리고 자네가 만나는 모든 사람들의 영혼 속에서 훨씬 더 많은 아름다움을 찾아낼 거라 믿네.

지금 당장 힘들더라도 긍정적인 태도를 견지하게. 두려움과 의심, 걱정 따위는 지워버리고 그 자리에 결의와 열정, 끈기를 채워넣게.

자넨 아름다운 영혼을 지녔다네, 에릭.

— 프랭클린

추신 : 혹시 내 편지가 다른 사람들에게도 도움이 된다고 생각되면 그들에게도 이 편지를 보여주게.

에릭은 저녁 내내 편지를 몇 번이고 읽었다. 그리고 불을 끄기 전에 마지막으로 다시 한 번 읽어보았다. 하지만 네빈이 말하려는 게 정확히 무엇인지 쉽게 알 수가 없었다. 그는 늘 다른 사람들과 잘 어울려왔고, 의도적으로 다른 이들을 멸시한 적도 없었다. 물론 무심코 말을 뱉어놓고 나중에 후회한 적은 몇 번 있었지만 그런 사람이 어디 한둘이겠는가?

하지만 다음 날 아침, 몇 가지 해답을 찾을 수 있었다. 그도 회사에 일찍 도착했지만 오늘은 벨로스 사장과 윌버, 에이브릴이 그보다 먼저 와 있었다.

"처리해야 할 일들이 많아서요."

그가 왜 이렇게 일찍 왔느냐고 묻자 에이브릴이 대답했다.

"에이브릴이 해주는 모든 일을 정말 고맙게 생각하고 있어."

에릭은 그녀에게 말했다.

"고맙다는 말을 충분히 자주 하지는 못했지만 에이

브릴은 정말 멋진 사람이야. 이렇게 모든 일을 일일이 챙겨주는 덕분에 우리들 모두가 편안하게 일할 수 있는 거야. 게다가 그런 일들을 전부 혼자서 처리하잖아. 정말 고마워."

에릭은 깜짝 놀라는 에이브릴에게 미소를 지어 보이며 영업부 사무실로 향했다. 그날 하루 종일 그는 여러 번 다른 사람들을 어리둥절하게 만들었다. 그러고는 마침내 자신이 무엇을 하고 있는지 깨달았다. 그 어느 때보다도 사람들에게 많은 칭찬과 감사의 말을 전하고 있었던 것이다. 그들의 영혼을 보기 시작한 것일까?

에릭이 오후 늦게 사무실로 돌아와 보니 던컨이 시무룩한 얼굴로 축 처진 채 자리에 앉아 있었다. 몹시 피곤해 보였다. 에릭이 기운을 북돋워주려 애를 쓰자 그는 안절부절못하며 말했다.

"웬만해서는 이렇게 우울해하지 않았을 걸세. 자네가 나 때문에 얼마나 애쓰는지도 잘 안다구. 하지만 내

잘못으로 로치엘과 거래가 끊겼어. 약속만 제대로 지켰어도, 아니 어떻게든 로저 스택폴과 연락만 닿았어도 이렇게 되진 않았을 거라구."

에릭은 던컨의 두 눈에서 긴장과 걱정의 빛을 볼 수 있었다.

"이미 지난 일이야. 물론 그 거래를 다시 돌려놓을 수만 있다면 더할 나위 없이 좋겠지. 하지만 지난 일에만 연연하며 살 수는 없잖아. 사실을 사실로 받아들여. 적어도 당분간은 끊긴 상태라는 걸 받아들여야 한다구. 자네가 그 거래를 되찾으려고 얼마나 노력해 왔는지 나도 잘 알아."

에릭이 말했다.

"내가 너무 무심했어. 로저는 항상 태평한 사람 같았거든. 이렇게 나올 줄은 생각도 못했다구."

"사람들은 정말 복잡한 존재야. 항상 우리가 예측한 대로, 혹은 원하는 대로 행동하지는 않는다네. 브레이저는 로치엘과 거래하기 전에도 잘 버티고 있었어. 그러니까 그쪽이 거래를 끊었다고 회사가 망하지는 않을 거라구."

에릭 스스로도 자신이 이렇게 열정적인 목소리를 낸다는 것이 놀라웠다.

"당분간은 조금 힘들지 모르지만 그런 건 극복할 수 있어. 우리에게 필요한 건 예전의 던컨을 되찾는 거라구. 도전을 즐기고 일부러 리스크를 감수하면서 엄청난 주문량을 기록하던 그런 던컨 말이야. 거기서 좀더 발전된, 새로운 던컨이 필요하다네. 몇 가지 교훈을 배우고 성공을 향해 결의를 다지는 그런 던컨이지. 자네, 그런 사람 아니었나?"

에릭은 조용히 얘기했지만 그의 얘기를 들으면서 던컨은 자리에 앉은 채로 허리를 쭉 폈다. 그의 눈에는 다시 생기가 돌고 있었다.

"내가 정말 할 수 있다고 생각하나?"

에릭은 싱긋 웃었다.

"할 수 없을 것 같았으면 이런 얘길 왜 하고 있겠나?

실수는 누구나 하는 거야, 던컨. 나도 안다구. 나도 수없이 실수를 해왔지. 하지만 그걸 통해서 교훈을 얻고 전진할 수 있다면 된 것 아닌가? 자넨 해낼 수 있다구."

우편함에는 네빈의 편지가 들어 있었다. 에릭은 그것을 갖고 들어가면서 영혼이 고양되는 느낌이 들었다.

에릭에게

지난번 편지는 조금 난해했지? 너무 당황하지 않았기를 바라네. 여러 가지 면에서 그것은 내가 자네에게 쓴 가장 중요한 편지였다네. 사람들의 영혼을 보기 시작하면 자넨 엄청난 변화를 겪게 될 게야. 우선 이해심이 많아지고 사견에 치우치는 일이 줄어들지. 보다 관대해지고 자네의 내면도 보다 평온해진다네. 사람들이 자네를 대하는 태도도 조금 달라질 게야. 그들은 자네의 아름다운 영혼을 보기 시작할 거라네. 지난번 편지를 다시 읽어보게, 에릭. 완전히 파악할 때까지 몇 번이고 읽어보게. 단순한 메시지 같지만 그것이 자네의 인생을 바꿀 수도 있지.

자네의 인생을 바꿀 수 있는 힌트를 또 하나 알려주겠네. 자넨 참 바쁜 사람이지, 에릭. 지나치게 바빠. 자네의 주위에서 일어나는 모든 일들을 일일이 살펴보고 있으니 말이네. 그건 곧 때로는 그림 전체를 보지 못한다는 뜻이기도 하지. 자넨 일을 너무 열심히 하고 있어. 일을 좀더 줄이고도 보다 많은 걸 성취하길 바라네.

알고 있네. 자넨 지금쯤 계속 이상한 편지를 보내는 이 정신 나간 늙은이에 대해 투덜대면서 한숨을 쉬고 있겠지. 그런 건 상관없다네. 자넨 학교 다닐 때도 나에 대해 투덜대고 불평을 늘어놓곤 했으니 말이야. 그런 건 이미 익숙해졌다네.

내가 여기서 말하고자 하는 건 아주 작은 진보가 엄청난 차이를 만들 수 있다는 사실이지. 자네의 직업에 관해서는 내가 문외한이니 단순한 수학적 원리를 사용해서 설명해 보겠네. 자네의 일을 다섯 개 영역으로 나눌 수 있다고 가정해 보세. 그리고 지금 자네는 각 영역별로 5점 만점에 1.5점짜리로 일을 하고 있다고 해보세. 그럼 아주 간단하게 이해할 수 있다네.

$1.5 \times 1.5 \times 1.5 \times 1.5 \times 1.5 = 7.6$

이번에는 자네가 각 영역별로 5점 만점에 2점으로 점수를 올리려 한다고 가정해 보세. 그럼 다음과 같은 계산이 나오겠지?

$2 \times 2 \times 2 \times 2 \times 2 = 32$

각 영역별로 조금씩 능률을 증가시키기만 해도 총 생산성을 400퍼센트 이상 증가시킬 수 있다네! 2.5점으로 증가시키면 총 97점이 나온다네. 그렇다면 각 영역별 생산성을 처음의 두 배로 늘려서 5점 만점에 3점으로 끌어올린다고 가정해 보세. 총점은 어떻게 되겠는가? 243점이 나온다네.

자네가 평생 동안 끊임없이 배운다면 계속해서 각 영역을 꾸준히 향상시킬 수 있을 걸세. 그럴 경우 자네의 총 생산성이 얼마나 올라갈지 생각해 보게.

한 걸음 물러서서 자네가 지금 하고 있는 것들과 앞으로 얼마나 향상될 수 있는지 살펴보고 그 대가를 거둬들이게.

물론 쉬운 일은 아니지. 사람들은 모두 저마다 해야 할 일들에 짓눌려 있으니 말일세. 하지만 지금 하는 일들을 꼼꼼히 살펴보고 좀더 단순화시키거나 효율적으로 할 수 있는 방법을 생각해 보면 보다 쉽게 해결할 수 있을 거라네.

에릭, 일 자체가 재미있어야 한다는 걸 명심하게. 지금 하고 있는 일을 즐길 수 있다면 매일 아침 이부자리를 털고 나오면서 새로운 하루를 기대하게 될 걸세. 물론 일이 항상 재미있을 수는 없겠지. 모든 일에는 기복이 있기 마련이니까. 일이 재미없다면, 혹은 더는 재미를 느낄 수 없다면 뭔가 조치를 취해야 한다네. 자네의 일에 기쁨과 즐거움을 되찾아놓을 수 있는지 살펴보게. 불가능하다고 생각되면 알아서 다른 기회를 찾아야 한다네. 더는 애착을 느낄 수 없는 위치에 고착되어 있으면 아무도 도울 수 없으니 말일세. 열정을 되찾으면 다신 일을 하게 되지 않을 거라고 했던 말 기억하나? 열정을 찾게. 그러면 일은 자연히 재미있어질 테니.

몇 년 전에 누군가 내게 복권이 당첨돼서 큰돈이 생겨도 교사 일을 계속할 거냐고 묻더군. 나는 그 질문을 이해할 수 없었다네. 단지 은행에 돈이 많아졌다 해서 내가 사랑하는 것을 버려야 하겠나? 자네도 알다시피 아이들을 가르치는 것은 아직도 내 열정이라네. 에릭, 자네가 로또 복권에 당첨돼도 지금 일을 계속할 생각인가?

잘 생각해 보게.

—프랭클린

에릭은 저녁을 먹고 오랫동안 산책을 하면서 오늘 받은 네빈의 편지에 관해 생각해 보았다. 로또에 당첨되면 정말 일을 그만두게 될까? 아마 그럴 것이다. 게다가 늘 이렇게 일에 쫓기면서 어떻게 한 걸음 물러서서 내가 하고 있는 일을 바로 볼 수 있겠는가? 물론 네빈 선생님의 의도는 이해할 수 있었다. 생산성을 늘려라. 그러면 틀림없이 변화가 일어날 것이다. 영업부 직원 전원이 생산성을 10퍼센트씩 늘리면 어떻게 될까?

잠깐 계산을 해보니 로치엘과의 계약 다기로 인한 손해를 상쇄하고도 남을 것 같았다. 물론 한 사람도 빠짐없이 실적을 10퍼센트씩 올리는 것은 불가능하겠지만 단 몇 퍼센트간이라도 올린다면 엄청난 변화가 찾아올 것이다. 태도만 바꿔도 충분히 달성할 수 있을 것이다. 집으로 돌아오는 길에 에릭은 좋은 아이디어를 생각해 냈다.

"사람들이 가진 내면의
아름다움을 보라."

"신념을 가질 만한 뭔가를 찾으라."

"긍정적인 면에 초점을 맞추라."

"작은 진보가 엄청난
차이를 만든다."

7 _ 목적

"목적은 열정과 에너지를 분출시킨다"

에릭은 먼저 자신의 아이디어를 윌버와 상의해 보고 그의 지지를 얻어냈고, 윌버를 통해 벨로스 사장의 동의도 얻었다. 윌버와 에릭은 영업 회의를 여는 대신 영업부 직원들을 한 사람씩 불러서 이 아이디어를 전했다.

두 사람은 던컨에게 가장 마지막으로 알리기로 하고 퇴근 후 근처 작은 카페로 그를 데리고 갔다.

이들의 얘기를 듣고 던컨이 말했다.

"그러니까 제가 이번 달에 실적을 10퍼센트 증가시키면 회사에서 제 아내와 저의 외식 비용을 제공해 준다는 말씀입니까?"

"그렇지."

던컨의 얼굴에서 서서히 미소가 사라졌다.

"그건 불가능한 일입니다. 로치엘사의 주문이 끊긴 상황이라구요."

"자넨 지난달에 로치엘을 제외하고도 실적을 10퍼센트 올렸어. 그래서 이런 제안을 하는 거라네. 다른 사람들하고 똑같이 기회를 주는 것뿐이야."

던컨은 고개를 끄덕였지만 얼굴은 아직도 굳어 있었다.

"이걸 시행하는 이유는 결국 로치엘 때문이잖아요. 그러니까 저 하나 때문에 다른 직원들도 더 열심히 일해야 한다는 거죠."

"그럴 수도 있지. 하지만 채찍을 맞아야 당근이 생기는 법이라네. 난 직원들에게 더 열심히 일하라고 요구한 적은 없어. 다만 실적을 10퍼센트 올리면 그에 합당한 대가를 주겠다고 한 것뿐이지."

던컨은 앞에 놓인 카푸치노를 홀짝거리며 잠시 생각에 잠겼다.

"그럼 첫 달은 그렇다 치고 그 다음 달엔 어떻게 하실 겁니까?"

"거기서 또 10퍼센트 올리는 거야. 그걸 달성하는 사람들은 주말에 뉴욕 여행을 보내주는 거지. 쇼 티켓도 제공해 주고 말이야. 그리고 세번째 달에 매출을 10퍼센트 올린 사람에게는 일주일 동안 하와이 여행을 보내줄 생각이네."

던컨은 입술을 축였다.

"좋습니다. 최선을 다해보겠습니다. 하지만 다른 부서원들은요? 영업부 직원들에게는 보상이 돌아가지만, 어쨌든 매출이 오르면 전 직원이 더 열심히 일을 해야 하지 않습니까? 그런데 그 사람들은 보상을 못 받는 것 아닙니까?"

에릭은 테이블 위에서 던컨의 팔을 쓰다듬었다.

"이야, 자네가 그런 생각을 해내다니. 그런 얘길 한 사람은 아무도 없었다네."

윌버는 헛기침을 했다.

"벨로스 사장님하고 의논을 해봤네. 첫 한두 달은 아무것도 못 해주겠지만 셋째 달부터는 모두에게 보상을 해줄 생각이네. 어떤 보상을 해줄지는 이번 판촉 결과에 달려 있어. 사장님이 다 알아서 해주실 거야. 내 약속하겠네."

던컨은 천천히 고개를 끄덕였다.

"좋습니다. 이번 계획이 성공하면 브레이저가 원래대로 돌아가는 겁니까?"

"그보다 더 좋아질 걸세."

윌버가 말했다.

"훨씬 더 좋아질걸. 아, 한 가지 더 있네."

"뭡니까?"

"자네, '최선'을 다한다고 했지? 그건 그저 한번 시도해 보겠다는 말처럼 들리는군. 시도가 아니라 목표를 달성하는 게 중요한 거야. 알겠나?"

이 새로운 제도는 회사 전체에 흥분의 파장을 불러일으켰다. 사람들은 앞날에 대해 보다 긍정적으로 예측하기 시작했고 에릭은 사람들이 다시 얼굴에 미소를 띠고 웃는 모습을 볼 수 있었다. 아니면 내가 마침내 사람들의 영혼을 보게 된 걸까? 그는 의문이 들었다.

목요일 밤에 에릭은 제니에게 전화를 걸었다. 제니도 그의 목소리가 좀더 낙천적으로 바뀌었다는 것을 알아차렸다.

"술 마시고 있었나 봐요?"

제니가 물었다.

에릭은 웃으며 대꾸했다.

"돌아오면 전부 얘기해 줄게. 아이들은 어때?"

에릭은 침대에 누워 잠을 청하면서 내일 퇴근 후에 처가에 가기로 결심했다. 사실, 회사에서 조금 일찍 나와서 동북부 구역에 들러 버니 네빈이 잘 하고 있는지 볼 생각이었지만 그럴 필요가 없었다. 세시가 조금 지나자 샘과 버니가 사무실로 들어온 것이다.

샘은 한껏 들뜬 목소리로 버니가 정말 잘 해냈다고 얘기하며 그 증거로 한 뭉치의 주문서를 들어 보였다.

"버니 같은 친구가 내 뒤를 이어서 정말 다행이야. 내 고객들 대부분이 몹시 친했던 사람들이라 이런 멋진 친구가 맡아주길 바랐거든."

에릭은 처가로 향하기 전에 옷을 챙기기 위해 집에 들렀다. 우편함에 또 한 통의 편지가 들어 있었다. 에릭은 그것을 조심스럽게 접어 셔츠 주머니에 넣었다. 처가로 가는 길에 잠깐 식사를 하면서 읽어볼 생각이었다.

도로는 꼼짝달싹할 수 없는 상황이었다. 그는 지난주에 버니를 내려놓고 들렀던 사무실 건물을 천천히 지나며 미소를 지었다. 전과 똑같이 1층 사무실에 불이 켜져 있었다. 톰 고진스키가 이 시간까지 일에 매달려 있는 모양이었다. 에릭은 얼굴을 찡그리며 손가락을 딱하고 부딪쳤다. 이 잠재 고객에 관해 버니에게 얘기하는 것을 깜박한 것이다. 아무래도 한 번 더 들러야 할 것 같았다. 게다가 차가 이렇게 막히니 선택의 여지가 없었다. 그는 시계를 들여다보았다. 가족들은 그가 오는 것을 모르니 잠깐 들러서 함께 저녁을 먹고 가도 큰 문제는 없을 것이다.

에릭은 몸에게 저곳에 들러야 하는지 물어보았다. 그러자 편안한 느낌과 자신감이 그를 덮쳐왔다.

에릭이 가만히 창문을 두드리자 톰이 자리에서 벌떡 일어났다. 그는 에릭을 보고 싱긋 웃으면서 문을 열어주었다.

"놀라운데요. 금요일 저녁에 고객을 방문하는 세일

즈맨이 몇이나 되겠습니까?"

그가 에릭에게 말했다.

에릭은 시계를 들여다보고는 너무 늦게 방문해서 미안하다는 말을 건넸다.

"같이 뭐라도 좀 먹으면서 얘기를 하는 게 어떻겠습니까? 30분 정도 기분 전환이나 하고 오시죠. 저도 어차피 뭔가를 좀 먹어야 하는데……."

그가 제안했다.

두 사람은 톰이 잘 알고 있는 작은 식당으로 향했다. 뒤쪽에 있는 룸으로 안내를 받아 자리를 잡고 앉자, 톰이 메뉴를 추천해 주었다. 에릭은 톰에게 그의 가족들과 일 이외의 관심 분야에 관해 물었다. 아이들 얘기를 하는 톰의 목소리에서 열정을 느낀 에릭은 톰에게 가족들과 주말을 함께 보내러 가는 길이었다고 솔직히 털어놓았다.

"어쨌든 가던 길까지 멈추고 들르셨으니 의무적으로 방문하신 건 아니군요. 저만 아니었다면 지금쯤 그곳에 도착하셨을 거 아닙니까? 이제 저도 조용히 하고 얘기를 들어봐야겠네요. 브레이저사 제품에 관해 말씀해 보시죠."

에릭은 거의 열한시가 다 돼서야 농장에 도착했다. 가족들이 모두 잠들어 있었기 때문에 할 수 없이 그는 돌멩이를 주워들고 제니의 방 창문에 맞혀서 그녀를 깨웠다.
제니는 킬킬거리면서 문을 열어주었다.
"십대로 돌아간 기분이에요."
에릭은 그녀를 끌어안았다.
"정말 십대로 돌아가볼까?"
두 사람은 주방에 앉아 코코아를 마시며 그 동안 있었던 일들을 얘기했고, 에릭은 마침내 제니에게 네빈의 편지에 관해 털어놓았다. 그리고 그제야 주머니에 새 편지가 있다는 사실이 떠올랐다. 그는 조심스레 그것을 꺼내 소리내어 읽기 시작했다.

에릭에게

잘 있었나? 자네의 태도와 인생에 대한 접근 방식이 바뀌고 있길 바라네. 내 제안을 따르고 있다면 반드시 그렇게 될 게야. 그런 방법들이 효과가 있다는 걸 내가 어떻게 알았는지 궁금하지 않은가? 수년 전 내가 몹시 힘들 때 누군가가 내게 이 아이디어들을 제공해 준 덕분에 그 시기를 극복하는 데 매우 큰 도움이 되었다네. 그 사람도 수년 전 누군가로부터 그 비법을 전수받았다는군. 오랜 전통의 일부가 된다는 건 기분 좋은 일이잖나. 그래서 나도 이 비법을 필요로 하는 사람들에게 조용히 전수해 주고 있다네. 그렇게 함으로써 나는 긴 사슬의 일부가 됐고, 자네는 이제 다음 연결고리가 된 셈이지. 언젠가 자네도 고리를 몇 개 더 이어주길 바라네.

이제 자네가 이 늙은 선생에게 또 다른 교훈을 들을 준비가 된 것 같군. 오늘은 미래를 설계하는 일에 관해 얘기하지. 은퇴를 얘기하는 게 아니라네. 하지만 은퇴 후의 계획도 미리 세워두면 좋을 테지. 나는 일에서 추구하는 목표에 관해 얘기할 생각이라네. 자네에게 목표, 아니 원한다면 표적이라고 해도 상관없네만, 어쨌든 그런 게 생긴다면 자네가 어딜 향해 가고 있는지 알 수 있을 게야. 이런 말이 있지. "목적 없는 사람은 키 없는 배와 같다. 부랑자와 같다. 아무것도 아니며 그 누구도 아니다." 아마 칼라일(Carlyle. 영국의 역사가이자 수필가-옮긴이)이 한 얘기일 게야. 자네에겐 끊임없이 추구할 목표가 있어야 한다네. 학교 수위였던 스토크스 씨에게도 목표가 있었지. 전국에서 가장 깨끗하고 아름다운 학교를 만드는 것이었다네. 그 목표를 달성했는지는 정확히 모르겠지만 아주 가까이 간 것만은 확실하다네. 그는 그런 방식으로 자신의 인생에 존엄성과 의미와 목적을 부여한 거지. 내 목적은 물론 훌륭한 교사가 되는 것이었다네.

자네의 목적은 무엇인가, 에릭? 예전에는 자네 아

버지처럼 훌륭한 세일즈맨이 되는 것이었지. 지금도 그 목적을 고수하고 있나? 아니라면 시간을 들여서 새로운 목적을 찾아보게. 힌트를 하나 주면, 무슨 일을 하건 그 일에 최대한 능숙해지라는 거지. 그런 방식으로 자넨 수많은 사람들 가운데 눈에 띄는 인물이 될 수 있다네. 인정과 존경을 받는 중요한 사람이 된단 말일세. 물론 소인들은 자네를 자신들의 수준에 맞춰 끌어내리려 할 게야. 어딜 가나 그런 사람들이 북적대기 마련이니까. 하지만 자넨 이미 너무 바쁘고 집중하고 있기 때문에, 또 그 사람들보다 너무 높이 있어서 그런 걸 의식하지 못할 걸세.

목적을 찾는 것에 관해서 칼라일은 할 말이 많은 사람이었지. 그 중에서 특히 나는 이 말을 좋아한다네. "반쪽짜리 의지력을 지닌 사람은 가장 평탄한 길에서도 이리저리 왔다 갔다 하느라 앞으로 나아가지 못한다. 반면 완벽한 의지력을 지닌 사람은 가장 거친 길에서도 진보를 이루며 그곳에 약간의 지혜가 있으면 목적에 도달할 수도 있다."

　목적을 지님으로써 얻게 되는 이익은 헤아릴 수 없이 많다네. 가장 중요한 이익은 자신이 초점을 맞춰 추구하는 바에 대개는 정확히 도달하게 된다는 것이네. 또, 그 사람이 상상하는 것보다 훨씬 큰 열정과 에너지를 창출할 수도 있지. 그러한 열정과 에너지는 자네를 성공으로 이끌어줄 걸세. 그리고 그 성공은 끝없이 커진다네. 목표를 갖고 있으면 건강과 활력도 커지지. 아침에 이부자리를 털고 나와야 하는 이유가 생기고 육체적인 나이에 상관없이 정신적으로는 항상 젊고 활기찬 생활을 할 수 있거든. 결국 흥미와 재미, 기쁨, 흥분으로 가득한 인생을 살게 될 걸세. 내가 너무 과장하는 것 같나? 그렇지 않을 걸세. 목적을 열정과 결합시키면 마음먹은 일은 무엇이든 성취할 수 있다네.

　오늘은 이걸로 충분한 것 같군, 에릭. 마지막으로 한 가지만 더 얘기하겠네. 자네가 앞서 얘기한 것들을 시작하면 다른 사람들, 실제로 자네와 관련을 맺고 있

는 모든 사람들에게 엄청난 영향을 미치게 된다는 거
네. 예컨대 자네 아이들은 잠잘 때를 제외하곤 한시도
쉬지 않고 보고 듣고 배운다네. 지금은 자네를 본보기
로 삼아 자신을 갖춰가느라 바쁠 때지. 그 아이들에게
존경스럽고 자랑스러운 아버지가 되어주게. 아이들이
'언젠가 나도 아빠처럼 될 수 있을까?' 하는 생각을 갖
고 있다는 건 정말 멋지지 않나? 자네도 어릴 때 그런
생각을 갖지 않았나, 에릭?

    목적 의식을 갖게.

―프랭클린

에릭이 편지를 다 읽고 나자 두 사람 사이에는 긴 침
묵이 흘렀다. 에릭의 두 눈은 촉촉하게 젖어 있었고 한
줄기 눈물이 뺨을 타고 흘러내렸다. 제니는 양 손으로 가
만히 그의 손을 잡고 떨리는 목소리로 말했다.

    "정말 멋진 분이에요. 이분은 우리 모두에게 말하고

있는 거예요."

에릭은 고개를 끄덕이고는 그녀의 목에 키스했다. 제니는 미소를 지으며 그를 살짝 밀어냈다.

"여보, 조금 천천히 다시 한 번 읽어줘요."

"목적은 열정과 에너지를 만든다."

"당신의 목적과 목표는 무엇인가?"

8_확신

"자신이
　　믿고
　　　있는 바를
　　언제나
　　　의식하라"

다음 두 주 동안 에릭은 집에서나 회사에서나 몹시 바쁜 나날을 보냈다. 여름 방학이 끝나자 아이들은 다시 학교로 돌아갔다. 이따금씩 에릭과 제니는 자신들이 아이들을 다양한 관심사가 존재하는 곳으로 데려다주고 데려오는 운전사에 불과하다는 생각이 들었다.

샘은 퇴사했고 에릭은 샘의 구역에서 며칠을 버니와 함께 보냈다. 버니는 반드시 실적을 10퍼센트 올려서 포상을 따내겠다고 결심하고는 기존 고객들을 방문하고 새 고객을 확보하느라 오랜 시간 일에 매달려 지냈다. 에릭은 버니와 함께 고객을 방문할 때마다 그의 에너지와 노련함에 감동을 받았다.

어느 날 오후 에릭은 톰 고진스키와 만나기로 한 자리에 버니를 데리고 갔다.

"밤에만 돌아다니시는 줄 알았더니 낮에도 방문을 하긴 하시네요?"

톰이 웃으며 말했다.

톰은 두 사람을 근처 커피숍에 데리고 갔고, 이들은

커피를 마시며 야구에 관해 얘기를 나눴다. 톰은 일 얘기는 하지 말자고 했지만 이들이 일어서려 하자 버니에게 명함을 달라고 했다.
"연락드리겠습니다."

'네빈 선생님께 편지가 안 온 지도 벌써 2주나 됐군.'
에릭은 집으로 차를 몰고 가면서 생각했다. 그저 아무 일 없기를 바랄 뿐이었다. 그날 하루 종일 에릭은 네빈 선생님의 먼 친척인 버니에게 그의 주소를 물어보고 싶었지만 다음으로 미뤄두기로 했다.
집에 도착하자 제이슨과 매튜가 대문에서 그를 기다리고 있었다.
"아빠, 편지 왔어요."
그가 차고로 들어서자 아이들이 외쳤다.
제니와 아이들은 식탁에 둘러앉아 에릭이 편지 뜯는 모습을 보고 있었다. 늘 그렇듯이 편지지는 양면 모두 깨끗한 글씨로 빼곡히 채워져 있었다. 에릭은 소리내어 편지를 읽기 시작했다.

에릭에게

나한테 무슨 일이 생긴 건 아닌지 궁금했겠군. 한꺼번에 편지를 몇 통씩 보내놓고 갑자기 끊겼으니 말이야. 요즘 몹시 바빴다네. 하지만 잠시 생각할 시간이 생겨서 다시 펜을 들었네. 마침 자네에게 할 얘기도 두어 가지 있고 말이야. 두 가지 모두 이미 알고 있는 얘기겠지만 가끔씩 다시 듣는 것도 나쁘지 않을 게야. 내 관점은 조금 다를지도 모르잖나? 혹시 그렇지 않다고 해도 아주 중요한 얘기니 참아주길 바라네. 그리고 우리가 앞서 얘기한 것들을 토대로 생각해 보게.

첫째는 자신이 무슨 생각을 갖고 있는지 언제나 의식하라는 거야. 자넨 긍정적 사고의 효과를 믿고, 자네의 사고방식이 인생을 바꿀 수 있다는 걸 알고 있다네. 또한 자네는 '긍정적인 확신'을 이용하고 있다고 생각한다네. 이것으로 좋은 시작이 될 수는 있지만, 늘 자신의 생각을 의식하기 위해서는 몇 가지 더 해야 할 일이 있다네. 사람들은 종종 당장 눈앞에 닥친 일에 급급해서 자신의 신념을 잊을 때가 있지. 살다 보면 안 좋은 날도 있을 테고, 그러다 보면 부정적인 생각을 갖기 시작할 수도 있다네. 스스로도 부정적으로 생각하고 있다는 것을 알면서 말일세. 하지만 안 좋은 일이 겹치다 보면 부정적인 생각을 쉽게 떨쳐버리지 못하지.

    다행히 자네가 할 수 있는 일들이 있다네. 에릭, '고요한 확신'이라고, 들어본 적이 있나? 수천 년 전 중국인들이 백성들에게 동기를 부여하고 그들을 고무시킬 목적으로 고안한 것이지. 즉, 사물을 이용해서 무언가를 상징하는 거야. 예를 들면 물을 돈과 관련짓기도 했다네. 건물 외부에 분수를 설치하고 그것으로 부와 풍요로움을 조용히 확인시켜 준 게 바로 그런 경우지.

원한다면 자네도 의도적으로 사물을 이용해서 자신의 신념을 되새길 수 있다네. 하지만 좀더 쉽게 이행하는 방법이 있지. 자네가 가지고 있는 신념과 목표들을 쭉 적은 다음 그것을 정기적으로 볼 수 있는 곳에 붙여 두는 거야. 예를 들면 욕실 정도가 좋겠지. 나는 카드에 몇 가지 문구를 적어서 항상 주머니에 넣고 다닌다네. 그리고 어떤 이유로든 주머니에 손을 넣을 때마다 그것들을 꺼내서 읽는 거지. 자네도 의식적으로 주머니에서 카드를 꺼내 누군가를 기다리는 시간에 읽어보게. 그러면 그 시간을 효율적으로 활용할 수 있다네.

에릭, 자네 어린 자녀들에게 그림으로 자네가 좋아하는 신념들을 표현해 보라고 해보게. 아이들에게 그것을 가르칠 수 있는 좋은 방법이 될 게야. 그렇지 않으면 자네가 직접 그림을 그려보게. 두뇌의 창의력을 관할하는 부분을 활용하 보는 것도 나쁘지 않은 일이니 말일세. 그렇게 해서 완성된 그림을 어딘가에 배치하면 그

즉시 그것은 소리 없는 표어가 된다네. 그걸 볼 때마다 자네 머릿속에 그 내용이 떠오를 테니 말이야.

어떤 상황을 설정해 놓고 신념과 목표에 따라 행동하는 자신을 상상해 보는 것도 큰 도움이 될 게야. 그저 한가하게 공상이나 하고 있는 셈이라고 생각할지도 모르겠지만 실제로 이런 종류의 역할놀이를 통해 얻는 이익은 엄청나다네. 잠재 의식은 상상하는 것과 직접 경험하는 것을 구별하지 못하거든. 그러니 이런 역할놀이를 해보면 훨씬 더 쉽게 목표에 도달할 수 있을 걸세.

오늘 얘기하고 싶은 게 두 가지라고 했지? 나머지 하나는 언제나 이 황금률을 따르라는 걸세. '네가 남에게 바라는 대로 남에게도 해주어라.' 생각해 보면 이것만이 인생을 현명하게 헤쳐나가는 길이지. 이것은 '청렴한 삶'을 보장해 준다네. 청렴하게 살면 두 다리 쭉 뻗고 편안하게 잠을 잘 수 있지. 또한 황금률을 따르면 신뢰와 자신감, 그리고 마음의 평화도 얻을 수 있다네. 그건 곧 어떤 상황에서든 최선을 다하게 되며, 두려움과 걱정, 후회 따위에 얽매이지 않게 된다는 뜻이기도 하다네. 최선을 다했으니까 말이야.

자네 아이들에게 더는 가르쳐줄 게 없다면 이 황금률을 가르치게. 틀림없이 아이들을 바람직하고 가치 있는, 보람 있는 삶으로 이끌 수 있을 걸세. 그러니까 자네 아이들이 다른 사람들로부터 존경과 주목과 신뢰를 얻고, 이 세상에 꼭 필요한 사람이 될 거라는 말이지. 또한 그 아이들 역시 청렴한 삶을 살 수 있다네. 그보다 더 중요한 것이 있겠나?

_자네의 친구, 프랭클린

에릭은 편지를 다 읽은 후에 식탁에 내려놓고 제니를 바라보았다.

"정말 멋져요. 지혜가 담긴 따뜻한 편지예요. 꼭 당신의 수호천사가 보낸 것 같아요."

그녀가 말했다.

에릭이 일어나서 아내에게 양 팔을 두르자 아이들도 재빨리 그 사이로 파고들었다.

이후 두 주 동안 에릭은 버니와 거의 매일같이 얘기를 나누면서 그에게 네빈의 주소를 묻고 싶은 마음이 굴뚝같았다. 하지만 대화를 하는 동안에는 그 생각을 떨쳐 버리려고 노력했다.

월말이 가까워오자 직원들은 모두 실적에 촉각을 곤두세우고 있었다. 가장 크게 실적을 올린 사람은 던컨이었다. 아마도 자신이 로치엘과의 거래를 망친 장본인이라는 자책 때문이었을 것이다. 에릭은 던컨이 거래를 되찾기 위해 이삼 일에 한 번씩 로치엘사를 방문한다는 얘길 들었다. 하지만 그 자신은 그것에 관해 한마디도 언급하지 않았다. 다른 영업사원 네 명도 10퍼센트 이상으로 실적을 끌어올렸다. 하지만 에릭의 실적 상승률은 몇 퍼센트밖에 되지 않았다. 이렇게 되자 그에게는 버니를 돕느라 시간을 뺏기지 않았으면 목표를 달성할 수 있었을 거라는 후회가 밀려들었다.

그 달 27일까지 버니는 전임자의 실적을 8퍼센트나 끌어올렸다. 그 가운데 일부는 샘이 떠나기 전에 성사시킨 것이었지만 어쨌든 큰 성과였다. 놀랍게도 벨로스 사장은 버니가 상을 받아야 한다고 생각하고 있었다.

"신참인데 아주 잘 하고 있잖나. 그에게도 상을 주는 게 어떻겠나?"

윌버는 얼굴을 찡그리며 고개를 저었다. 여느 때 같으면 사원들에게 동기를 부여하는 데 도움이 되는 것이면 뭐든 찬성하는 그였지만 이번만큼은 분명히 반대 의사를 밝혔다.

"규칙을 모르는 사람은 아무도 없습니다. 애초에 10퍼센트라고 하지 않았습니까? 물론 저 역시 버니가 상을 받았으면 좋겠다고 생각합니다만, 어쨌든 10퍼센트를 완전히 달성해야 상을 줄 수 있습니다."

다음 날 에릭은 동북부로 차를 몰고 가서 버니와 함께 하루를 보냈다. 두 사람이 함께 고객들을 방문했지만 버니는 작은 주문들 몇 건밖에 성사시키지 못했다. 다음 달 초에 주문을 하겠다는 사람이 대부분이었기 때문이다. 하지만 버니는 10퍼센트라는 수치에 대해 초연한 태도를 보였다.

"세 가지 이유가 있죠."

버니는 손가락 세 개를 들어 올린 다음 차례로 하나씩 가볍게 두드리며 말을 이었다.

"우선 이번 달은 제가 여기서 일한 첫 달이었구요. 고객들 가운데 저를 아는 사람이 아무도 없으니 어느 정도 경계를 할 수밖에 없었겠죠. 마지막으로 거래처들 중에 몇 군데는 길을 몰라서 시간을 꽤 많이 허비했습니다. 다음 달에는 좀더 나아질 겁니다."

"아직 이틀 남았다구. 나도 크게 기대는 안 하지만 그래도 전혀 불가능한 일은 아니야."

에릭이 말했다.

사실 에릭도 속으로는 가능성이 거의 없다고 생각하고 있었다. 에릭은 시간 가는 줄 모르고 있다가 날이 저물 무렵에야 집으로 향하기 시작했다. 오늘도 도로는 꽤 막히고 있었고, 톰 고진스키가 일하는 건물 앞을 지날 무렵에는 속도가 점점 느려져서 거의 기어가는 수준이었다. 건물에는 여느 때처럼 1층 사무실에만 불이 켜져 있었다.

거의 습관처럼 에릭은 어느새 도로를 빠져나와 톰의 사무실 창문을 두드리고 있었다.

"마침 잘 오셨네요. 안 그래도 주문을 하려던 참이었는데."

톰이 반갑게 말을 건넸다.

"고맙군요. 버니에게 내일 와서 주문을 받아가라고 지시하겠습니다."

에릭이 말했다.

톰은 고개를 저었다.

"소량인데다가 급하게 필요하거든요. 신경 쓰지 마세요. 이 근처에서 구입하죠 뭐."

에릭은 웃으면서 대꾸했다.

"그럴 순 없죠! 제가 지금 받아서 늦어도 내일 점심

때까지 보내드리겠습니다."

주문량은 50달러어치도 채 안 되었다.

"더 필요할 겁니다. 지금 당장 필요한 건 그것뿐이네요."

톰은 사과라도 하듯이 말했다. 그는 시계를 들여다보았다.

"저녁 먹을 참이었는데, 혹시 시장하지 않으세요?"

다음 날 아침 에릭은 두 아들을 학교에 내려주고 회사로 향하는 길에 창고에 들러 톰이 주문한 물품을 시간 맞춰 출고시켜 달라고 담당 직원에게 당부했다. 한 시간 후에 확인해 보니 물품이 출고되었다고 했다. 점심때 그는 다시 톰 고진스키의 비서에게 전화를 걸어 주문한 물품이 잘 도착했음을 확인했다.

에릭은 오후 내내 단골 고객들에게 전화를 걸어 급하게 물품이 필요하지는 않은지 알아보았다. 네 시 반쯤 되자 윌버가 활짝 웃는 얼굴로 사무실에 들어섰다.

"여러분, 모두 고맙네."

그는 사무실을 빙 둘러보았다.

"매출을 그렇게 높이다니 고마울 따름이야. 거의 이전 수준을 회복하고 있어. 로치엘 없이도 브레이저사는 완벽하게 존속할 수 있다는 걸 보여준 셈이지."

그는 사무실을 돌면서 한 사람 한 사람과 악수를 나눴다.

"자, 이제 하루 남았네."

월버가 자신의 방으로 돌아가려다 말고 덧붙였다.

"잘하면 매출을 완벽히 회복할 수도 있겠어."

에릭이 집에 도착했을 때 네빈에게서 또 한 통의 편지가 와 있었다. 그는 편지를 소중하게 품고 들어와 식탁에 내려놓고는 아이들에게 말했다.

"아직 저녁 준비가 안 됐는데 축구 한 판 할까?"

삼십 분 후 제니가 저녁을 먹으라고 불렀다. 에릭과 아이들은 몹시 덥고 지쳐 있었지만 행복해하며 식탁에 둘러앉았다.

"편지 뜯어보세요."

제이슨이 말했다.

에릭은 편지를 집어들고 이리저리 뒤집어보며 말했다.

"저녁부터 먹고 읽자."

저녁을 먹으면서 에릭은 생각했다.

'단지 그렇게 느끼는 걸까, 아니면 정말 전보다 사이가 훨씬 좋아진 걸까?'

그는 애정어린 눈으로 나라별 수도 알아맞히기 놀이를 하는 아이들을 바라보았다. 그러다가 제니와 눈이 마주치자 두 사람은 미소를 나누었다.

"오늘 하루 괜찮았어요?"

그녀가 물었다.

에릭은 고개를 끄덕였다.

"응, 아주 괜찮았어. 하지만 지금이 가장 좋은데."

그는 아이들이 잠자리에 든 후에야 편지를 뜯었다. 제니는 소파 옆자리에 앉아 그와 함께 편지를 읽었다.

에릭에게

이게 자네에게 보내는 마지막 편지라네. 슬퍼하지는 말게. 사실, 슬퍼해야 할 사람은 바로 나거든. 하지만 이미 자네에게 필요 이상으로 많은 것들을 알려주었다네. 내가 제안한 것들 가운데 자그마한 한 가지라도 완벽하게 숙지한다면 크게 성공할 수 있을 걸세.

혼자 힘으로 성공을 이루게, 에릭. 다른 사람들의 희망이나 꿈에 의존하려 들지 말라는 얘기네. 그런 방식으로는 마음의 평화도, 행복도 찾을 수 없으니 말이야. 그리고 무엇을 하든 다른 사람들에게 인정을 받으려는 목적으로 해서는 안 되네. 자신에게 충실하게. 그리고 인생을 신나는 모험으로 만들게.

긍정적인 태도를 견지하게. 매일 아침 잠에서 깰 때 자네의 생각을 선택하는 것만으로도 그날 하루가 좋은 날이 될지 나쁜 날이 될지 결정할 수 있다네. 긍정적인 사고를 선택해서 매일을 좋은 날로 만들어보게. 물론 다른 날보다 특히 더 좋은 날도 있을 수 있겠지. 하지만 어쨌든 매일을 좋은 날로 만들 수는 있다네. 무슨 일이 있어도 자네만 원한다면 항상 행복할 수 있다는 말이네. 행복하길 바라네, 에릭. 자네가 행복해지면 자네뿐만 아니라 자네와 관련된 모든 사람들에게 큰 변화가 찾아온다네. 행복은 습관 같은 거야. 다른 사람을 행복하게 만들면 자네 자신은 더욱 행복해질 수 있지.

해야 할 필요가 있는 일들을 하게. 다른 사람들의 칭찬을 끌어내려고 억지로 해서는 안 된다는 말이야. 그렇다고 반드시 칭찬이 돌아오는 것도 아니거든. 사람들은 종종 자네가 최선의 노력을 다했다는 걸 깨닫지 못할 수도 있지만 스스로 정말 최선을 다했다고 생각하면 그런 건 아무 상관 없다네.

나는 자네를 정말 믿는다네, 에릭. 아마 자네 자신보다 내가 훨씬 더 많이 자네를 믿고 있을 걸세. 자넨 원한다면 언제라도 세상을 바꿀 수 있는 사람이거든. 나 역시 세상을 바꾸기 위해 노력해 왔다네.

내가 제시한 단순한 원칙들은 지극히 보편적인 것이라네. 아주 오래 전부터 있어온 것들이라 누구나 다 알고 있을 게야. 내가 겪어본 사람들 가운데서도 그걸 못 들어본 사람은 거의 없었지. 그건 거의 비결이라고도 할 수 있다네. 말하자면 성공의 비결이지. 역사적으로 위대한 사람들의 인생을 살펴보면 그들도 의식적으로든 무의식적으로든 이러한 원칙들을 사용했다네. 그들의 인생을 주의 깊게 연구해 보게, 에릭. 그런 다음 효과적으로 활용하길 바라네.

난 지금 자네에게 비법을 넘겨주는 거라네. 전에도 말했듯이 아주 오래 전에 나도 누군가로부터 이것을 건네받았지. 그리고 언젠가 자네도 다른 사람에게 똑같은 행위를 할 거라 믿네.

그 동안 너무 간섭한 것 같아 미안하네.

호의적으로 생각해 주게, 에릭.

모두에게 사랑을 담아…….

―프랭클린

제니는 에릭을 좀더 가까이 끌어당겨 부드러운 키스를 건넸다.

"저도 이분에게 정말 감사드려요. 네빈 선생님은 우리 모두를 훨씬 더 친밀하게 만들어주셨어요. 그분의 편지는 우리 모두를 위한 거예요."

그녀가 말했다.

"찾아야겠어. 너무 많은 도움을 주셨다구. 그분께 고맙다는 인사를 드려야겠어."

에릭이 말했다.

그 달의 마지막 날은 어느 때보다도 정신 없이 돌아갔다. 영업부 직원들은 전부 주문을 하나라도 늘려서 포상을 얻어내려 안간힘을 쓰고 있었다.

점심 시간이 끝나자 버니가 도착했다. 그는 영업부 사무실로 달려들어와서는 에릭에게 주문서 하나를 내밀었다.

"10퍼센트 된 것 같은데요, 선배님."

그가 말했다.

에릭은 주문서를 들여다보았다. 톰 고진스키의 회사에서 3천 달러어치를 주문한 것이다.

"이야, 끝내주는데! 정말 잘했어!"

그가 외쳤다.

버니는 고개를 저었다.

"이건 제가 따낸 게 아니에요. 선배님이 해낸 거죠. 톰에게서 저녁마다 들르셨다는 얘기를 들었습니다. 게다가 소량으로 주문을 해봤는데 기록적인 시간 내에 납품하셨다면서요. 그러니까 이건 선배님 겁니다."

"됐네, 이 사람아. 톰은 자네 구역 사람이야. 그러니까 자네 고객이라구."

에릭이 말했다. 그는 그 주문을 다시 들여다보았다.

"꽤 큰 건인데? 모르긴 몰라도 잘하면 앞으로 로치엘을 대신할 수도 있겠군."

"한 가지 여쭤볼 게 있습니다."

버니가 말했다.

"톰이 왜 하필 오늘 주문을 했을까요? 저라면 월초에

했을 텐데……. 혹시 이번 포상 건에 대해 알고 있습니까?"

에릭은 어깨를 으쓱하며 대꾸했다.

"얘기 한 것 같기도 하고. 확실히 기억은 안 나는데."

그러고는 버니에게 미소를 지었다.

"자넨 첫 달인데 이렇게 놀라운 실적을 냈다구, 버니. 계속 이렇게만 해주게."

버니가 나가려고 몸을 돌렸을 때, 에릭은 그에게 프랭클린 B. 네빈의 주소를 물었다.

"신념을 끊임없이 되새겨라."

"남에게서 바라는 대로
남에게 해주어라."

"혼자 힘으로 성공하다."

"행복은 습관이다."

9 신뢰

"믿음은
　인생에서
　가장
　든든한
　보험이다"

오후 네시쯤 윌버가 영업부 사무실 문가에 나타나서는 손짓으로 조용히 에릭을 불러냈다.

"무슨 일이십니까?"

그가 물었다.

윌버는 대답 대신 종이 한 장을 건네주었다. 그 달에 실적을 10퍼센트 이상 끌어올린 사람들의 명단이었다. 에릭의 이름은 빠져 있다.

"겨우 몇백 달러 부족해. 하지만 말일 오후 네시에 누가 주문을 하겠나?"

윌버가 말했다.

에릭은 웃으면서 대꾸했다.

"해볼 만큼 해봤습니다. 협박도 하고 애원도 해봤지만 그 정도밖에 안 되던걸요. 감사합니다, 부장님. 말씀해 주셔서 정말 고맙습니다만, 전 아무래도 상관없습니다."

"하지만 이번에 포상을 하자고 제안한 사람은 자네였다구."

에릭은 고개를 저었다.

"그것과는 별개의 문제입니다. 어쨌든 제가 부족해서 실적을 못 낸 건데요 뭐."

"버니를 돕느라 며칠을 허비하지 않았나?"

"그것도 제가 선택한 겁니다. 그리고 후회 안 합니다. 감사합니다, 부장님. 다음 달에 다시 시도해 보겠습니다."

그는 사무실로 돌아와서야 자신이 "시도해 보겠다"고 했다는 걸 깨달았다.

에릭은 책상에 앉아 사무실을 둘러보았다. 다른 세일즈맨들은 전부 이번 포상에 관해 얘기하고 있었다. 모두들 몹시 바쁜 한 달을 보내고 긴장이 풀어진 터라 그런지 사무실 안은 활기찬 목소리로 가득했다. 그들 가운데 몇 명은 스스로 목표를 달성했다는 걸 알고 있었지만 확신하지 못하는 직원들도 있었다. 버니는 벌써 팀의 인정받는 일원이 되어 있었다. 그리고 톰 고진스키 덕분에 목표를 달성했다. 에릭에게는 정말 흡족한 일이었다.

에릭은 충동적으로 톰에게 전화를 걸어 버니에게 주문을 해줘서 고맙다고 말했다.

"괜찮으세요?"

톰이 물었다.

"평소하고 조금 다른 것 같아서요."

에릭은 억지로 웃으면서 말했다.

"이보다 더 좋은 일이 어디 있겠습니까? 저희 브레이 저사가 이번 달 판매 목표를 달성했는데. 특히 버니가 목표를 달성해서 몹시 기쁩니다. 다 고진스키 씨 덕분입니다."

톰은 킬킬거렸다.

"일전에 에릭 씨께서 하신 얘기를 기억하고 있었습니다. 재미있을 거라고 생각했거든요."

잠시 침묵이 흐른 뒤 톰이 말을 이었다.

"에릭 씨는요? 목표 달성하셨습니까?"

"아닌 것 같은데요. 하지만 다음 달에 또 기회가 있지 않습니까?"

"그럼 안 되죠."

톰이 걱정스런 목소리로 말했다.

"에릭 씨처럼 저를 방문한 사람은 단 한 명도 없었습니다. 리스트 맨 위칸에 실려 있어야 할 사람은 바로 에릭 씨라구요. 맡고 계신 구역이 어디라고 했죠?"

5분 후 에릭은 자신의 차 안에 앉아 금요일 오후의 교통 체증에 시달리고 있었다. 이런 시간에 콜드콜을 한다는 건 정말 말도 안 되는 일이었지만 톰의 고집을 꺾을 수가 없었다. 누가 말일에, 그것도 생판 처음 보는 세일즈맨에게 수백 달러짜리 주문을 한단 말인가? 긍정적으로 생각하자, 하고 에릭은 중얼거렸다. 녹색 등이 켜지기를 기다리면서 에릭은 자신의 몸에게 이대로 계속 밀고 나가야 하는지 물어보았다. 그러자 놀랍게도 열정과 에너지가 밀려드는 느낌이 들었다. 그제야 에릭은 미소를 지으며 편안한 마음으로 차를 몰아서 다섯시 직전에 주차장에 도착했다.

에릭이 건물 안으로 들어섰을 때 안내 직원은 코트를

입고 있었다.

"조시 맥코믹 씨 좀 뵐 수 있을까요?"

에릭은 명함을 건네며 말했다.

"퇴근하셨을 텐데요."

여자는 고개를 갸웃거리며 말해다.

"연결은 해보겠습니다."

잠시 후 그녀는 에릭에게 수화기를 건네주었다.

"아직 계시네요."

에릭이 간단히 자신을 소개하고 방문 목적을 설명하자, 놀랍게도 조시는 직접 나와서 그를 보겠다고 했다.

몇 분 후 운동 선수처럼 보이는 20대 후반의 훤칠한 남자 한 명이 로비로 걸어나왔다.

"안녕하세요? 조시 맥코믹입니다."

그가 말했다.

조시는 에릭과 악수를 나누고 의자에 앉으면서 말했다.

"누가 얘기했습니까?"

"무슨 말씀이신지?"

"이런 우연이 어디 있겠습니까? 전 브레이저사를 잘 알고 있었는데 제 기억으로는 한 번도 저희 회사를 찾아온 적이 없었습니다. 그런데 막 퇴근하려는 참에 이렇게 나타나시다니, 정말 재미있지 않습니까?"

에릭은 고개를 저었다.

"그게 아니라 제 친구인 톰 고진스키가……."

"톰 고진스키요?"

조시가 벌떡 일어섰다.

"일단 제 사무실로 가시죠."

사무실로 향하면서 조시는 톰 고진스키가 몇 년 전에 이 회사의 중역이었다가 나가서 자신의 회사를 차린 거라고 설명해 주었다.

"그분이 저를 채용해 주셨죠. 전 그분에게 큰 신세를 졌어요. 그러니 저도 브레이저 사에서 제시하는 조건들을 들어보겠습니다."

조시가 말했다.

삼십분 후에 에릭은 주문을 받아서 그곳을 나왔다.

에릭은 집으로 돌아가는 길에 휴대전화로 톰에게 전화를 걸어 고마움을 전했다.

"정말 제가 가기 전에 조시에게 아무 말씀 안 하셨습니까?"

그가 물었다.

"하려고 했는데 에릭 씨가 하지 말라기에 안 했습니다. 그래서 주문은 따내셨습니까?"

"네, 정말 감사합니다. 포상을 받고도 남을 정도의 규모입니다."

"다행이네요. 정말 잘됐어요. 에릭 씨는 훌륭한 세일즈맨이에요. 언제라도 상황이 바뀔 것 같으면 꼭 저에게 먼저 말씀해 주세요."

"고맙습니다, 톰. 그리고 주문도요."

"그건 제가 한 일이 아닙니다. 에릭 씨가 따낸 거죠. 그럼 조심해서 들어가세요!"

그날 저녁 에릭은 가족들을 데리고 나가 식사를 하면

서 성공을 자축했다. 디저트를 기다리는 동안 제이슨과 매튜가 손수 만든 카드를 그에게 건네주었다. 앞에는 서류 가방을 들고 완벽하게 차려입은 세일즈맨이 그려져 있었다. 그 세일즈맨은 망토를 걸치고 다음 고객에게 찾아가기 위해 구름 위를 날고 있었다. 그림 위에는 "훌륭한 세일즈맨에게"라고 적혀 있었고 카드 안쪽에는 이렇게 씌어 있었다.

"우리가 가장 좋아하는 세일즈맨, 아빠를 위해. 아빠는 최고예요. 사랑하는 제이슨과 매튜가……."

카드를 보면서 에릭의 두 눈에서는 눈물이 흘러내렸다.

"고맙다, 얘들아. 정말 멋지구나. 그런데 내가 목표를 달성하리라는 건 어떻게 알았니?"

"아빤 최고잖아요!"

매튜가 말했다.

그날 밤 에릭은 침대에 누워 제니를 끌어안고 말했다.

"기특한 녀석들……. 그 카드, 정말 감동적이었어. 내일까지도 감동이 안 지워질 것 같은데."

그는 잠시 멈췄다가 말을 이었다.

"녀석들이 날 믿어줬다는 게 정말 고마워. 내가 성공하리라고 믿어준 것 말이야."

제니가 킬킬거렸다.

"이 얘긴 안 하려고 했는데 아무래도 해야겠네요. 그 카드, 사실은 당신을 위로해 주려고 만든 거예요. 우린 당신이 버니를 돕는 데 시간을 너무 많이 뺏겨서 목표 달성을 못할 거라고 생각했거든요. 어쨌든 성공했으니 훨씬 잘 된 거죠."

"내가 버니를 돕느라 시간을 너무 많이 뺏긴 게 아쉬워?"

"아뇨, 물론 아니죠. 네빈 선생님도 조카손자를 도와줘서 기뻐하실 거예요."

"선생님 친척이라서 도와준 건 아니어. 누구라도 그렇게 했을 거라구."

"알아요, 그래서 내가 당신하고 결혼한 거잖아요. 말수는 적지만 늘 마음속 깊이 친절하고 상냥한 사람이죠."

에릭은 그녀에게 부드럽게 키스를 하고는 웃으면서 말했다.

"자, 또 십대로 돌아가볼까?"

"가장 큰 보상은
신뢰하는 관계에서 온다."

10_사랑

"사랑은
　　변화와
　　치유의
　　기적을
　　낳는다"

토요일 아침이 밝았다. 에릭과 제니는 베란다 그늘에 앉아 아이들이 축구하는 모습을 지켜보고 있었다.
"정말 안 갈 생각이야?"
에릭이 물었다.
제니는 미소를 지으며 고개를 끄덕였다.
"네빈 선생님을 만나고 싶은 마음은 굴뚝같지만 처음에는 당신 혼자서 가야 할 것 같아요. 당신이 다녀와서 얘기해 주면 되잖아요."
"알았어."
에릭은 몸을 숙여 그녀에게 키스했다. 그러고는 쾌활한 목소리로 아이들에게 다녀오겠다고 외쳤다.
"정말 이상한 일이군."
에릭은 차를 몰고 가면서 중얼거렸다. 네빈 선생님은 의도적으로 자신의 소재를 숨기고 있었다. 편지에는 한 번도 그의 주소가 적혀 있지 않았으니 말이다. 그런 점에서는 선생님이 어디 살고 있는지 전혀 알 수 없었지만, 편지에 우편 소인이 안 찍혀 있다는 건 멀지 않은 곳에 산다는 뜻이기도 했다. 그러니 네빈 선생님이 자신의 집에서 겨우 몇 킬로미터 떨어진 곳에 산다는 사실도 그리 놀라울 건 없었다.

하지만 한 가지 명심할 게 있었다. 바로 네빈 선생님은 틀림없이 남의 눈에 띄지 않으려 매우 조심하고 있다는 사실이다. 전화번호부나 인터넷, 그 어디를 뒤져봐도 그의 이름을 찾을 수 없었으니 말이다. 버니 네빈이 아니었다면 절대 그분을 찾을 수 없었을 것이다.

네빈 선생님의 집은 나무가 우거진 조용한 거리에 위치해 있었다. 막다른 골목의 끝에 금방 페인트칠을 한 듯 번쩍거리는 2층짜리 목조 주택이 도로보다 약간 높이 솟아 있었다. 앞마당은 깨끗하게 손질되어 있었으며 현관으로 이어지는 길 양 옆에는 화단이 잘 꾸며져 있었다.

에릭은 집 앞에 주차를 하고 심호흡을 몇 번 한 다음 선물을 들고 차에서 내렸다. 선물은 멋지게 장정된 리처드 해클루트(Richard Hakluyt. 영국의 지리학자이자 탐험가—옮긴이)의 〈항해(Voyages)〉였다. 그는 헌책방에서 이

책을 발견하고는 네빈 선생님이 튜더 시대를 유난히 좋아했다는 사실을 떠올렸다. 틀림없이 이 멋진 선물을 받고 매우 기뻐하실 것이다. 하지만 한편으로는 혹시 갑작스런 방문과 선물에 네빈 선생님이 당황해하시면 어쩌나 하는 생각도 들었다. 하지만 곧 고개를 저었다. 이제 와서 걱정해 봐야 소용없는 일이었다.

차에서 내려 집을 올려다보니 창문 몇 개가 열려 있었다. 다행히 네빈 선생님이 안에 계신 모양이었다. 그는 천천히 길을 따라 걸어가서 초인종을 눌렀다.

잠시 아무 대답이 없더니 이윽고 여자의 목소리가 들렸다.

"잠깐만요."

누군가 계단을 내려오는 소리가 들렸고 곧이어 체인이 채워진 채로 문이 빠끔히 열렸다.

"누구세요?"

여자가 물었다.

에릭은 미소를 지으며 대꾸했다.

"귀찮게 해드려서 죄송합니다. 네빈 씨를 뵈러 왔습니다."

"지금 일하러 갔는데요. 다섯시는 돼야 돌아올 거예요."

"아니요. 그러니까 프랭클린 네빈 선생님 말씀입니다. 은퇴하지 않으셨나요?"

잠깐 문이 닫히더니 다시 활짝 열렸다. 작고 뚱뚱한 몸집의 여자는 꽃무늬 원피스 위에 미소띤 얼굴이 그려진 앞치마를 두르고 당혹스러운 표정을 짓고 있었다.

"프랭클린이오? 프랭클린?"

그녀가 되물었다. 그러더니 얼굴을 찡그리고 에릭을 유심히 살펴보았다.

"돌아가셨어요, 5년 전에. 저희 시아버님이세요."

"............"

"그런데 무슨 일로······"

"······아, 네. 그분께 드리려고 선물을 가져왔는데요."

이렇게 말하면서 에릭은 당황스러운 마음을 감출 수가 없었다.

'그럼 그 편지는……. 내가 꿈을 꾼 것일까?'

"선물이라구요?"

"네. 30년 전에 선생님께 배운 적이 있어요. 그분이 편지를 보내셨어요. 그래서 고맙다는 말씀을 전하려고……. 그런데 너무 늦었군요. 아주 많이 늦은 것 같네요."

여자는 쓸쓸한 표정을 지으며 말했다.

"정말 좋은 분이셨어요. 많은 사람들을 도왔죠. 당신도 그분이 세상에 남긴 유산 중의 하나겠네요."

그녀는 깊이 한숨을 쉬었다.

"우리 모두 그분을 그리워하고 있어요."

그러고는 에릭에게 미소를 지어 보이며 덧붙였다.

"들어오세요. 커피 한잔 하셔야 할 것 같네요."

한 시간 후에 에릭은 그녀에게 고맙다는 말을 전하고 차로 돌아갔다. 그리고는 그녀에게서 받은 사진을 뒷좌

석에 조심스럽게 놓고 네빈의 며느리에게 손을 흔들며 집으로 향했다.

그가 차에서 내리기 전에 제니가 먼저 차고로 들어왔다.

"만났어요?"

그녀가 물었다.

에릭은 고개를 끄덕이며 사진을 집어들었다.

"이분이야. 우리 아버지처럼 훌륭한 세일즈맨이 됐다고 말씀드렸어."

에릭은 액자 속에서 미소짓고 있는 얼굴을 쳐다보았다.

'네빈 선생님, 선생님은 제 인생을 바꾸어놓으셨어요.'